HOW TO SELECT STOCKS USING
TECHNICAL ANALYSIS

차트로 종목 발굴하는 법

How to Select Stocks Using Technical Analysis
Copyright © 2008 by International Institute for Economic Research
Re-released by Marketplace Books in 2008
Originally Published in 2002 by the McGraw-Hill Companies
All rights reserved.

Korean Translation Copyright © 2011 by IREMEDIA
Korean edition is published by arrangement with Marketplace Books
through Imprima Korea Agency

이 책의 한국어판 저작권은 Imprima Korea Agency를 통해
Marketplace Books와의 독점 계약으로 이레미디어에 있습니다.
저작권법에 의해 한국 내에서 보호를 받는 저작물이므로
무단전재와 무단복제를 금합니다.

HOW TO SELECT STOCKS USING TECHNICAL ANALYSIS

차트로
종목 발굴하는 법

마틴 J. 프링 지음 | 신가을 옮김

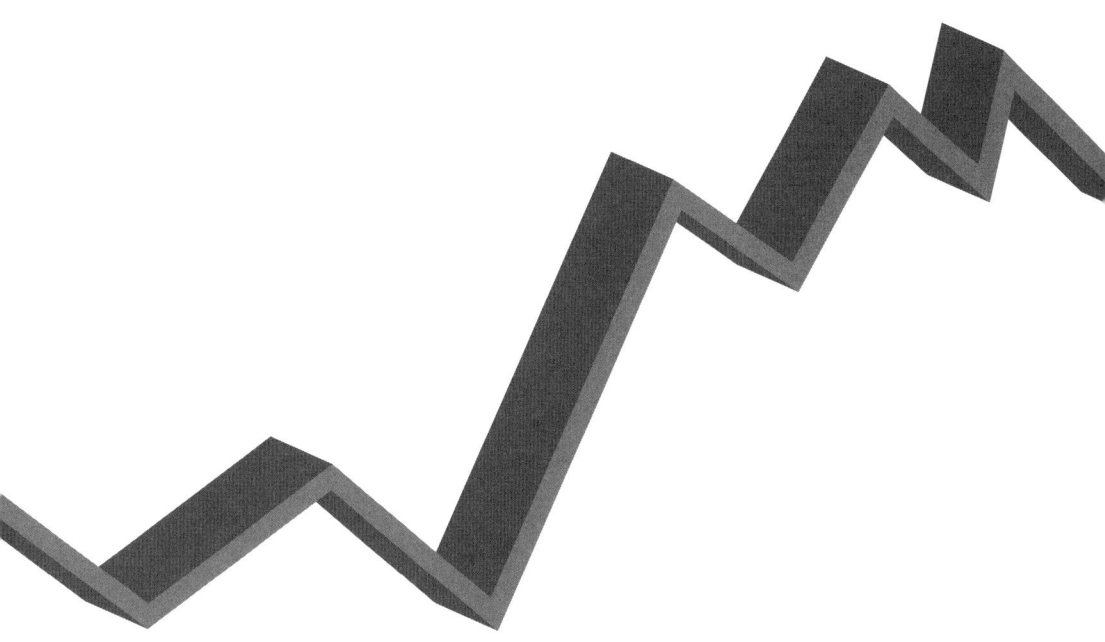

이레미디어

사랑하는 장모님 지미 시그웨이Jimmie Sigsway에게
이 책을 바칩니다.

감사의 글

소중한 몇 분의 도움이 없었다면 아마도 이 책을 출간하지 못했을 것이다.

특별히 바쁜 우리 가족을 위해 집안일을 돌봐주신 나의 장모님, 지미 시그웨이에게 감사드린다. 장모님이 도와주신 덕분에 나와 아내 리사는 책을 집필하기 위한 시간을 낼 수 있었다.

또한, 인터엑티브 소프트웨어 디자인Interactive Software Design의 제프 하워드Jeff Howard에게도 감사를 전한다.

소식지 구독자, 워크숍 참가자, 시디롬을 구매한 분들께도 감사드린다. 이들의 친절하고 건설적인 조언 덕분에 용기를 내서 프링 시리즈를 확장할 수 있었다.

무엇보다도 내 아내 리사에게 고마운 마음을 표현하고 싶다. 집안일과 나를 포함하여 아이 돌보는 일 등 여러모로 버거웠을 텐데, 불평 없이 웹사이트 프링 닷컴(pring.com)을 관리하고 이 책의 그림과 도표까지 만들어주었다. 고마워요, 리사.

서문

1990년대의 큰 강세장에서 트레이더와 투자자 대부분은 종목 선정, 특히 기술주의 종목 선정이 별거 아니라고 생각했다. 칵테일파티에서는 주가가 두 배, 세 배, 심지어 네 배 이상까지 뛰었다는 얘기를 심심찮게 들을 수 있었다. 호텔 사환과 택시 운전사마저도 오랫동안 증권업에 종사한 베테랑처럼 투자자문을 해주던 1929년도와 사정이 비슷했다. 더 최근의 경우를 보자면, 일본 주식시장이 고점에 이른 1990년에도 역시 마찬가지였다. 시장이 강세를 지속하는 동안은 파티를 즐겼으나, 파티가 끝나자마자 시작된 후유증은 아주 길게 지속되었다. 강세장이란 대부분의 시간 동안 대다수의 주가가 오르는 환경을 의미한다. 대체로 강세장은 1~2년 동안 지속되지만, 1990년대는 유례없이 강세장이 길게 지속되었다. 그 결과 투자자와 트레이더들은 괜히 우쭐해져서 종목 선정 과정을 무시해버렸고, 이것은 결국 재앙이 되고 말았다. 좋은 세월이 지나가고 무시무시한 재앙이 닥치자 그제서야 종목 선정 기법을 배우려는 사람들이 많아졌다. 이 책은 기술적 분석을 활용해 이런 요구에 부응하려고 한다.

  기술적 분석을 적용해서 종목을 선정하는 방법은 다양하지만, 여기서는 하향식 접근법top-down approach에 초점을 맞추려 한다. 기본적인 비즈니스 사이클 이론을 주식, 채권, 상품의 상관관계에 적용할 것이다. 시장에는 수만 가지의 주식과 뮤추얼 펀드가 존재한다. 따라서 엄청난 수의 종목을 모두 스캔한다는 것은 실로 큰 작업이다. 따라서 하향식 접근법을 통해 이 작업을 체계적으로 수행할 수 있다. 먼저 시장이 장기 상승추세, 즉 장기 상승장인지 확인한다. 이후 80여 개 업종 또는 산업군의 기술적 상태를 살핀 후 유망 업종을 고르는 것이다. 마지막으로 그 업종에 포함된 개별 종목을 찾는다. 종목을 고를 때 꼭 대답해야 할 한 가지 중요한 질문은 바로 시간 범위다. 9개월 이상의 긴 기간을 두고 거래하는 장기 투자자인가? 6주 내지 9개월 정도의 중기에서 거래하기를 즐기는 트레이더인가? 아니면 2~6주 정도의 짧은 기간을 원하는 트레이더인가? 어떠한 시간범위를 선택하느냐에 따라 당신이 활용하고자 하

는 지표의 종류가 달라진다.

　가장 먼저 짚고 넘어가야 할 중요한 사항이 있는데, 시간범위가 무엇이건 간에 반드시 주추세의 방향을 이해해야 한다. 주추세란 9개월 내지 2년 이상 계속되는 강세장 혹은 약세장을 가리킨다. 이것이 중요한 이유는 주추세의 방향이 단기 움직임의 강도를 지배하고, 따라서 잠재적인 매매의 성공과 실패에 영향을 미치기 때문이다. 전반적인 경기가 좋으면 거의 모든 종목이 상승세를 타므로 강세장에서는 롱 포지션에 진입하는 것이 안전하다. 그러나 약세장의 랠리는 믿을 수가 없고 훨씬 더 많은 휩소^{whipsaw}(속임수 신호)가 발생한다. 따라서 약세장에서는 단기적으로 아무리 강세를 보여도 관망하는 것이 현명하다. 이 문제는 본문에서 좀 더 상세히 논의하겠다.

　자유롭게 거래되는 모든 자산과 마찬가지로 주가 역시 추세를 갖고 움직인다. 그러나 추세가 만약 한번 움직이면 지속되는 경향을 보이지 않는다면, 별 쓸모가 없을 것이다. 이 책의 전반부에서는 비교적 초기 단계에서 추세 반전을 포착하는데 유용한 몇 가지 기술적 툴을 소개하려 한다.

  이렇게 하면 기술적 지표들이 추세 반전을 예고하기 전까지는 추세를 탈 수 있다. 이 책은 주가 패턴, 추세선, 이동평균 기법 등에 대한 기초적인 지식을 전제하고 썼으므로 기술적 분석에 익숙하지 않은 독자들은 기술적 분석 소개Introduction to Technical Analysis*, 또는 기술적 분석 해설Technical Analysis Explained**을 참고하라.

  이 책의 상당 부분은 하향식 접근법과 업종 순환 사이클에 할애하겠지만, 엄청난 양의 종목 데이터베이스를 스캔하는데 유용한 몇몇 기술적 도구들도 소개하겠다. 이제 첫 번째 장에서 '상대강도'의 개념부터 다뤄보기로 하자.

---

* McGraw-Hill, 1998
** McGraw-Hill, Fourth Edition, 2002

목차

감사의 글 —— **007**
서문 —— **008**

chapter 01 상대강도의 개념 —— **019**
- 상대강도란 무엇인가 —— **019**
- 상대강도선이란 —— **021**
- 왜 상대강도가 중요할까 —— **023**

chapter 02 상대강도의 해석법 —— **027**
- 상승형과 하락형 상대강도 다이버전스 —— **027**
- 추세 반전신호 —— **030**
  - 이동평균 교차 —— **030**
  - 추세선 이탈 —— **035**
  - 주가 패턴 —— **038**

chapter 03 시장을 통해 본 상대강도의 예 — **043**

- S&P 석유와 컴퓨터업종 — **043**
- 개별 종목과 상대강도 분석 — **047**
- 휩소 찾기 — **051**
- 열린 마음을 유지하라 — **053**
- 상대강도와 단기 모멘텀 — **055**

chapter 04 평활 장기 모멘텀 — **063**

- 시장 사이클 모델 — **063**
- 주추세가 투자자와 단기 트레이더 — **066**
  모두에게 중요한 이유
- 장기 모멘텀 — **069**
  - 스토캐스틱 — **071**
  - 추세 편차(주가 오실레이터) — **072**
- 업종에서 종목으로 — **077**

목차

chapter 05 새로운 오실레이터 KST — 085
- 개요 — 085
- KST와 평활 장기 모멘텀 비교 — 089

chapter 06 금융시장과 비즈니스 사이클 — 097
- 사이클은 규칙적인 사건의 순서에 따른다 — 097
- 비즈니스 사이클의 순서 — 099
- 금융시장과 비즈니스 사이클 — 104

chapter 07 채권, 주식, 상품 변곡점의 연대기 — 111
- 개요 — 111
- 이자율이 최고점에 이르다 — 111
  - 신용수요가 감소하다 — 112
  - 통화공급이 증가하다 — 114
- 주식이 바닥을 치다 — 115

- 상품이 바닥을 치다 — 118
- 상품가격의 고점 — 124
- 더블 사이클 — 126
- 비즈니스 사이클의 6단계 — 130
- 주요 강세장과 약세장의 특징 — 135

chapter 08 비즈니스 사이클을 둘러싼 업종 순환 — 139

- 사이클은 인플레이션과 디플레이션으로 분할된다 — 139
- 인플레이션 민감업종과 디플레이션 민감업종 비교 — 143
- 주식시장은 어떻게 채권수익률과 상품가격의 추세를 예고하는가 — 146
- 선행업종과 후행업종의 관계 — 149

목차

chapter 09 주요 변곡점에서 ── **161**
업종 및 종목 선정하기

- 종목 선정에 효과적인 하향식 접근법 ── **161**
- 다선보험업종 ── **163**
- 손해보험업종 ── **165**
- 증권주 ── **176**

chapter 10 전략적 관계의 변화를 이용하여 ── **183**
순환적 주도주의 변화를 밝히다

- 손해보험업종과 알루미늄업종의 상대강도비율 ── **183**
- 후행업종 분석 ── **185**
- 1986년 후반 후행업종의 신호-반도체주 ── **188**

chapter 11 장기전망과 단기신호를 결합해 ── **199**
유망 종목 발굴하기 Ⅰ

chapter 12 장기전망과 단기신호를 결합해 — 209
유망 종목 발굴하기 Ⅱ

- 단기 매수신호 생성 — 209
- 단기 과매수, 과매도 환경 — 212
  - 평활 상대강도지수 — 215
- 유망한 장기추세 찾기 — 218
- 52주 신고점 돌파 찾기 — 224
- 되돌림을 기다려라 — 228

부록 초장기 관점에서 종목 발굴하기 — 233

- 일반적인 원칙 — 233
- 주요 주가 패턴(장기 바닥) — 238

How to SELECT STOCKS Using TECHNICAL ANALYSIS

chapter 01

상대강도의 개념

● 상대강도란 무엇인가

상대강도RS, Relative Strength는 두 증권 사이의 관계를 측정하는 매우 중요한 기술적 개념이다. 이 책에서는 시장, 주식, 통화, 상품 등 자유롭게 거래되는 모든 실체를 증권이라고 통칭하겠다. 이 책에서 말하는 상대강도는 웰스 윌더Wells Wilder가 개발한 상대강도지표RSI, Relative Strength Indicator와는 아무런 관련이 없다. 상대강도지표는 일정 기간 동안 한 증권의 가격 움직임을 상대적으로 비교, 측정하는 지표다. 상대강도지표는 오실레이터로 표시되며, 일종의 변화율

ROC, Rate of Change 지표이다.

이 책에서 말하는 상대강도는 한 증권 가격을 다른 증권 가격으로 나누어서 구하는 비교 상대강도이며, 그 값은 하나의 연속된 선으로 그려서 나타낸다. 상대강도의 활용범위는 다양하다. 첫째, 한 자산과 다른 자산을 비교해 어떤 자산을 매수할지 결정하거나, 시장 간 관계를 이해하는 데 유용하다. 이를테면 금과 채권을 비교해 금 가격이 채권 가격보다 상대적으로 상승추세인지 여부를 판단할 수 있다. 만약 금 가격이 채권 가격에 비해 상대적으로 상승추세라면 인플레이션의 시작을 의미할 수도 있다.

또한 기술적으로 미국과 일본의 주식시장이 모두 강세를 보인다면, 상대강도의 추세를 분석해 어떤 시장의 실적이 우위에 있는지 판단할 수 있다.

상품 거래의 스프레드spread는 일종의 상대강도다. 스프레드는 한 상품과 다른 상품 사이의 관계를 바탕으로 하는데, 이를테면 옥수수와 돼지를 예로 들 수 있다. 또한 근월물(만기가 가까운 것)과 원월물(만기가 많이 남은 것)처럼 결제일의 차이를 이용한 스프레드 거래도 있다. 이 경우 트레이더들은 정상적인 움직임에서 벗어난 다이버전스divergence를 발견해 두 계약이 정상적인 선으로 다시 돌아올 때까지 스프레드를 이용한다.

조금만 생각해보면 통화는 본질적으로 상대강도다. 이를테면 미국 달러는 그 하나만으로는 아무런 의미도 갖지 않는다. 왜냐하면 하나의 통화는 다른 통화와의 관계 속에서만 존재하기 때문이다. 통화는 달러-유로, 유로-엔 등 통화 간 관계에서만 비로소 유의미하다.

상대강도에 대한 가장 흔한 활용은 S&P지수, 나스닥, 기타 등등으로 측정되는 것처럼 주식 한 종목 혹은 업종과 전체 시장 사이의 관계에서 나타난다. 이런 식으로 활용하면 상대강도는 종목 선정의 강력한 무기가 된다.

◐ 상대강도선이란

상대강도선은 한 증권의 가격을 다른 증권의 가격으로 나누어 구할 수 있다. 대체로 분자는 주식, 분모는 시장의 척도(이를테면 나스닥, S&P500 등)가 된다. 개별 상품의 가격을 비교함으로써 이 개념을 상품의 영역으로도 확대해볼 수 있다. 이를테면, 옥수수 가격을 CRB지수 Commodity Research Board Composite*로 나누면 된다. 그림 1-1에서 상단선은 주가, 하단선은 주가의 상대강도를 나타낸다. 상대강도선이 상승할 때, 그것은 주가가 시장보다 더 강세를 보인다는 의미다. 이 경우에는 S&P지수가 분모이므로, 상대강도선이 상승하면 주가가 S&P지수보다 더 강세를 보인다는 것을 뜻한다. 이후

---

* CRB 사가 곡물, 원유, 산업 원자재, 귀금속 등 21개 주요 상품선물 가격에 동일한 가중치를 적용하여 산출하는 지수로 원자재 가격의 국제기준으로 간주된다. - 옮긴이

그림 1-1　주가와 상대강도

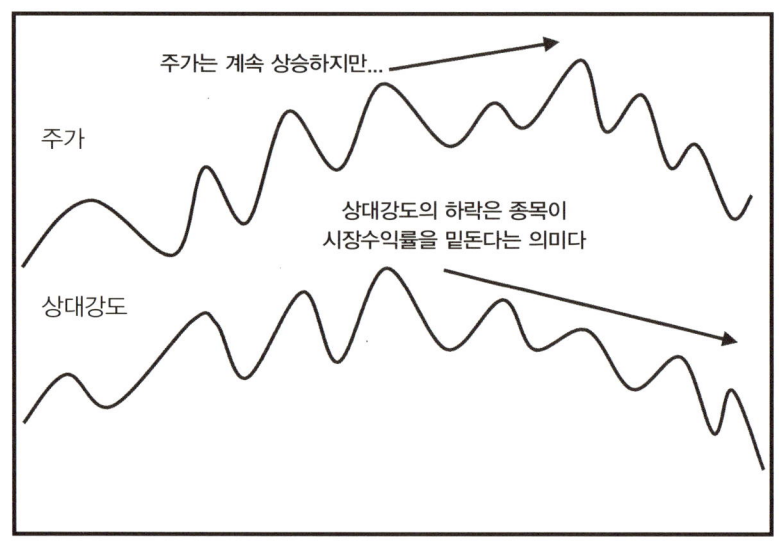

상대강도선이 계속 상승하다가 다시 하락하는데, 주가가 시장보다 약세를 보인다는 의미다. 개별 국가의 종목 혹은 지수를 모건스탠리 지수Morgan Stanley World Stock Index와 같은 글로벌 지표와 비교할 수도 있다. 원칙은 동일하므로 환율만 적절히 조정하면 된다.

　상대강도의 핵심은 주가와 마찬가지로 추세를 갖고 움직인다는 것이다. 즉 가격 패턴, 추세선, 이동평균 교차MA Crossover처럼 상대강도 역시 추세 반전 기법으로 활용할 수 있다. 상대강도에서 추세를 해석하는 원칙은 주가에서 추세를 해석하는 원칙과 정확히 일치한다. 단, 상대강도 지표는 이름에 나타난 대로 상대적이라는 사실을 유념해야 한다. 상대강도선이 상승한다고 해서 증권(예를 들면, 주식) 가격이 상승한다고 볼 수 없으며, 단지 시장 대비 강세이거나 상대적으로 상승하고 있음을 의미한다. 이를테면 S&P지수로 측정했을 때 시장이 20% 하락하고 주가는 10% 하락했다고 하자. 둘 다 가치가 하락했지만, 주가가 시장보다 낙폭이 적었기 때문에 상대강도선은 상승한다.

◑ 왜 상대강도가 중요할까

주가가 상승 중인 차트를 보면 우리는 일단 호재라고 여기며 그 종목을 매수하는 게 마땅하다고 생각하기 마련이다. 그러나 이것은 주가가 계속 상승한다는 전제 하에서는 사실이지만, 상대강도의 추세를 살핀다면 더 강력한 무기를 손에 쥘 수 있다.

차트 1-1을 보자. 1941~1971년까지의 차트로, 상단은 S&P지수, 중간은 S&P 은행업종지수를 나타낸다. 1946년까지는 두 지수 모두 상승하고 있으므로 온통 장밋빛으로 보인다(화살표 A). 하단에 있는 상대강도선 역시 상승추세로, 은행업종지수가 S&P지수보다 강세이기 때문에 역시 이상적인 상황이다. 그 이후 7년 동안 은행업종지수와 S&P지수는 상승하지만(화살표 B), 상대강도선은 횡보를 보인다. 상대강도선이 횡보를 보이고 있으므로 금융시장의 실적이 대체로 전체 시장과 비슷하다는 것을 알 수 있다.

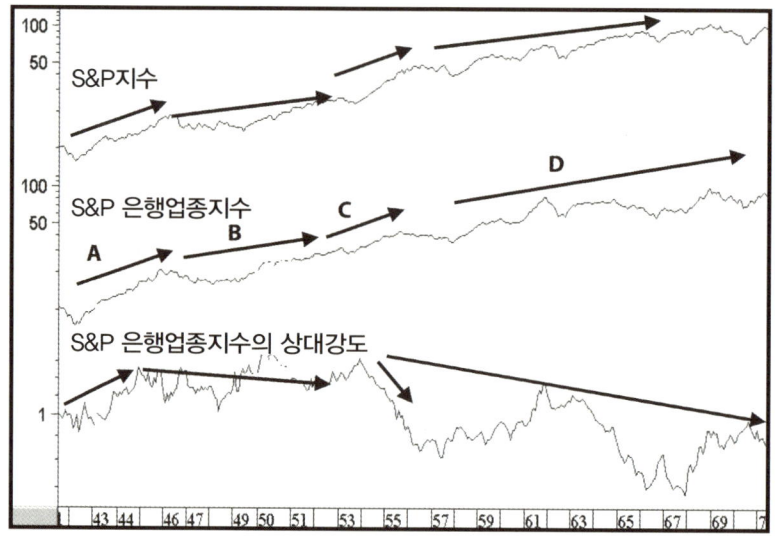

차트 1-1 S&P지수, S&P 은행업종지수와 은행지수의 상대강도(1941~1971)

(출처: pring.com)

　　1953년 은행업종지수와 S&P지수 모두 기분 좋게 상승하는 듯 보이지만(화살표 C), 상대강도선은 곤두박질친다. 즉, 겉으로는 좋은 흐름 같지만 상대적인 실적은 반드시 그렇지만은 않다. 마지막으로 차트 오른쪽인 화살표 D 부분을 보면 은행업종의 주가는 상승하고 있지만 보이는 것이 전부는 아니다. 왜냐하면 상대강도선이 계속 하락하고 있기 때문이다. 이 경우 은행주로 수익을 올릴 수는 있겠지만, 상대강도의 추세가 하락하고 있으므로 다른 부문에 투자했더라면 훨씬 높은 수익을 올릴 수 있었을 것이다.

How to SELECT STOCKS Using TECHNICAL ANALYSIS

상대강도의 해석법

상대강도를 해석하는 방법은 다양하지만 가장 널리 쓰이는 것은 상승형 다이버전스positive divergence와 하락형 다이버전스negative divergence다. 이러한 해석법부터 살펴보자.

◉ 상승형과 하락형 상대강도 다이버전스

주가와 상대강도 모두 상승할 때, 그 종목은 순항하고 있다고 말한다. 그림 2-1을 보면, 일반적으로 주가와 상대강도가 동시에

그림 2-1 상대강도의 하락형 다이버전스

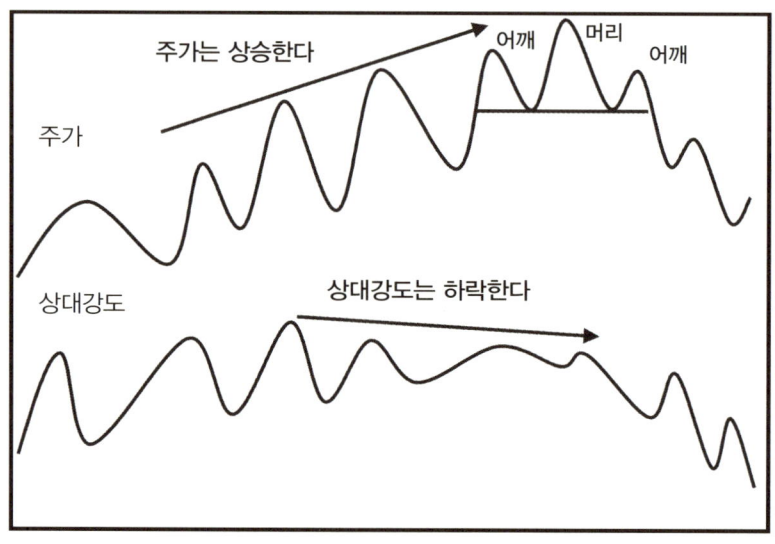

움직이면서 중요한 추세가 시작되지만, 주가가 신고점을 기록하는 반면 상대강도선은 이에 실패한다. 주가가 시장보다 약세를 보일 가능성이 높을 때 이런 현상이 나타난다. 그러나 상대강도가 약세라고 해서 반드시 매도신호는 아니다. 다시 말해, 반드시 가격 하락을 예고하는 건 아니라는 뜻이다. 상대강도는 단지 상대적으로 더 강세인 종목보다 불리하므로 종목 갈아타기를 고려해야 한다는 신호일 뿐이다.

　주가와 상대강도 간의 다이버전스 혹은 연속적인 다이버전스는 문제를 예고하는 조기 신호가 된다. 이런 신호가 나타난 뒤 실제

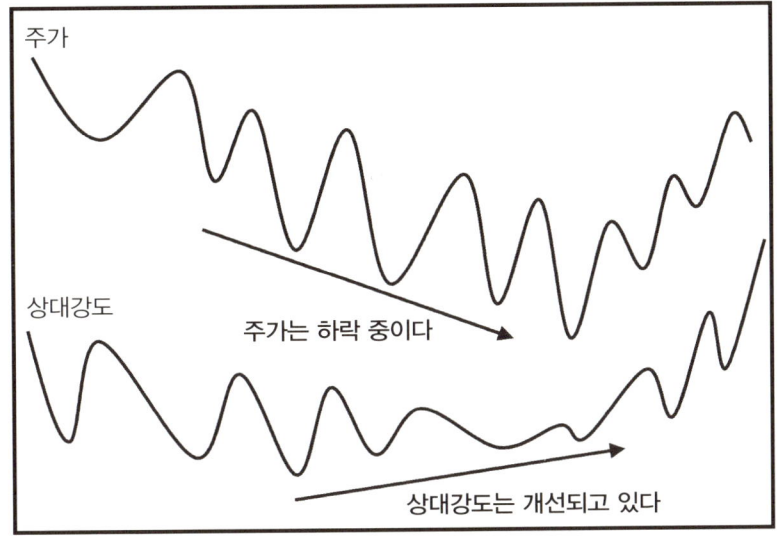

그림 2-2 상대강도의 상승형 다이버전스

가격에서 추세 반전신호가 나타난다. 그림 2-1을 보자. 주가와 상대강도 모두 상승하지만 이후 상대강도선이 3회에 걸쳐 하락 다이버전스를 보인다. 마침내 주가는 천장을 친 뒤 하락한다. 이 경우 주가가 천장에 도달한 것은 하락형 상대강도 다이버전스를 확인하는 셈이 된다.

하락장에서는 정반대 현상이 나타난다. 즉, 주가에 앞서 상대강도가 먼저 호전되면 긍정적 신호로 간주된다(그림 2-2). 종종 주식시장이 약세장의 바닥을 치기 전에 유틸리티주 같은 이자율민감주 interest-sensitive stock*의 상대강도가 먼저 상승한다. 이자율민감주들이 새로 시작되는 강세장을 선도하는 우선주이기 때문이다. 이 점은 차후 많은 지면을 할애해 설명하겠다.

◑ 추세 반전신호

이동평균 교차

때때로 주가의 이동평균을 구해서 주가 차트 위에 겹쳐 그리면 교차를 이용해 추세변화를 포착할 수 있다(그림 2-3). 또한 상대강도선을 이용하여 같은 일을 할 수 있다. 하지만 이것은 단지 이론상으로 그렇다는 것일 뿐, 사실 그림 2-4가 현실에 더 가깝다. 왜냐하면 이동평균 교차는 휩소가 많아서 실제로 활용하기가 무척 난감하기 때문이다. 그리고 상대강도선에는 노이즈가 상당수 포함되어 있어 휩소가 더 자주 발생한다. 단기추세에서 특히 휩소가 빈번하지만, 40주 혹은 65주 같은 장기 이동평균에서는 오해할 만한 신호나 휩소가 훨씬 더 자주 발생한다. 차트 2-1은 GE제너럴 일렉트릭의 차트로, 하단에는 S&P지수와 상대강도선을 비교하고 있다. GE는 비교적 안정적인 주식이지만, 25일 이동평균 교차로 생겨난 휩소들을 살펴보기 바란다.

---

* 이자율의 변화와 반대 방향의 가격 움직임을 보이는 주식으로, 공공서비스 관련 산업의 보통주, 저축대부조합의 주식 등이 이에 포함된다. - 옮긴이

그림 2-3 상대강도와 이동평균 교차 이론

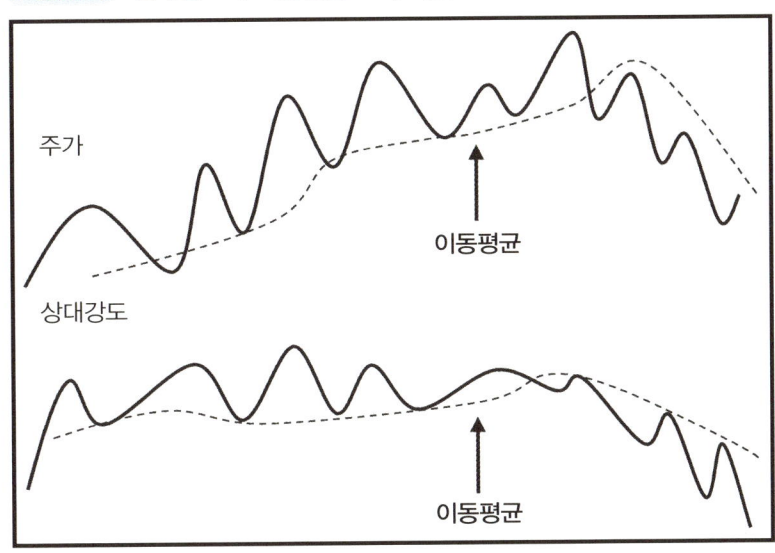

그림 2-4 상대강도와 이동평균 교차의 실재

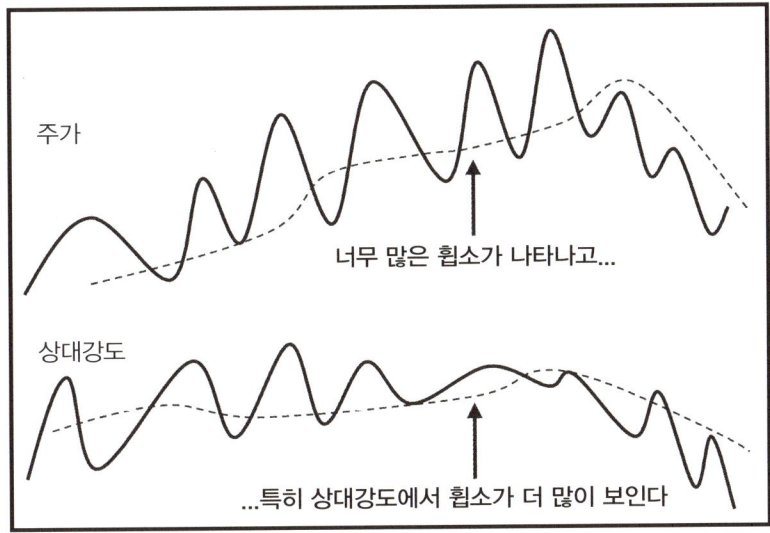

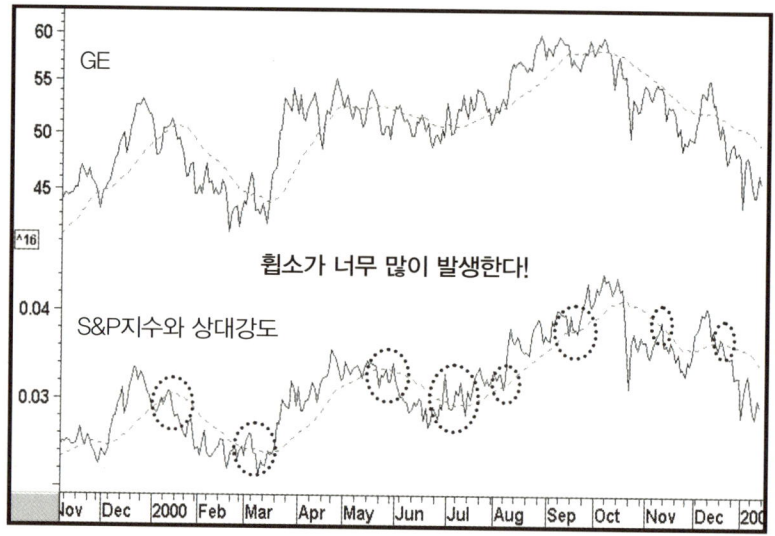

차트 2-1 GE(2000~2001년)와 상대강도

(출처: pring.com)

    시간단위를 주간 데이터로 확대해보면(차트 2-2), 휩소가 훨씬 줄어든다. 이번에는 주가와 상대강도선에 모두 65일 지수이동평균을 적용했다. 1994년 휩소가 집중되어 있지만, 차트에 표시된 8년 동안은 상대적으로 오류 신호가 적게 나타난다.

    앞서 GE가 비교적 안정된 주식이라고 말했다. 이번에는 또 다른 주식 GM제너럴 모터스을 살펴보자(차트 2-3). 이 주간 차트에서도 GM이 훨씬 변동성이 크다는 것을 볼 수 있다. 마찬가지로 2개의 평활선은 65주 지수이동평균EMA이다. 보다시피 1996~1998년 사이에서 특히 휩소가 많음을 알 수 있다.

차트 2-2   GE(1993~2001년)와 상대강도

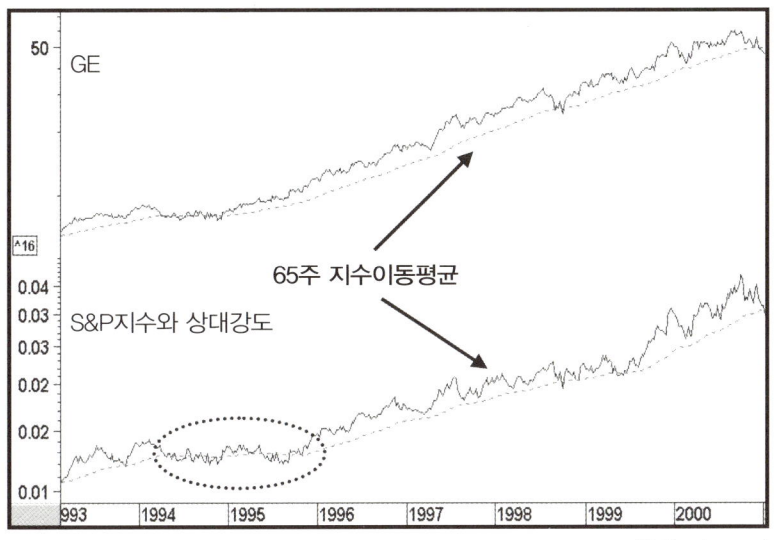

(출처: pring.com)

차트 2-3   GM(1993~2001년)과 상대강도

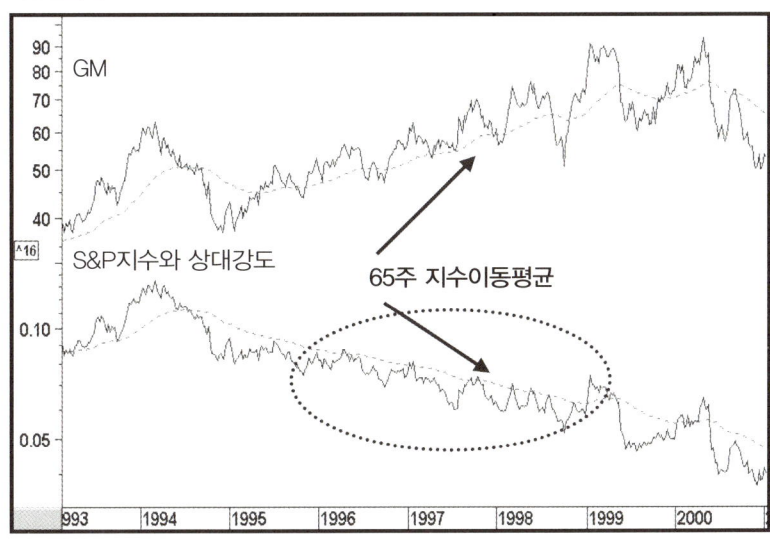

(출처: pring.com)

제2장 상대강도의 해석법

차트 2-4는 단지 상대적인 동향을 보여준다. 하지만 이번에는 지수이동평균을 하나 더 도입했다. 점선은 65주 지수이동평균이고, 실선은 65주 지수이동평균의 10주 평활선이다. 지수이동평균선들이 교차하는 지점에서 두어 번 휩소가 발생하지만, 1996년부터 1998년까지 65주 지수이동평균 점선이 실선보다 아래에 있어 휩소로 인한 타격을 피할 수 있었다. 화살표가 휩소가 형성되는 지점을 가리키고 있다. 1999년 초 매도신호가 늦게 발효되어서 조금 손해를 보겠지만, 전체적으로 보면 작은 손실이다.

이런 경우 최선은 10년 혹은 20년의 데이터를 보고 이동평균 산

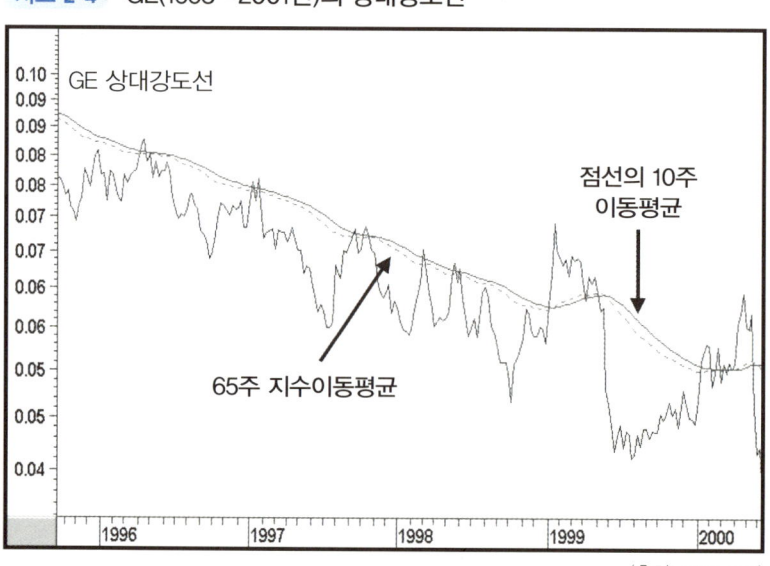

차트 2-4 GE(1993~2001년)의 상대강도선

(출처: pring.com)

출기간을 달리해서 실험해 보든가, 아니면 이 기간 동안의 데이터를 조합해 실험하면서 어떤 것이 적중하는지 살펴보는 것이다. 무슨 일이 있어도 곡선 접합$^{curve\ fitting*}$은 피해야 한다. 과거 데이터에 맞추기 위해 이동평균을 과도하게 조정하면, 그 기법은 미래에는 사용할 수 없게 된다.

추세선 이탈

이동평균보다 더 나은 대안은 상대강도선에 대응하는 추세선을 구축하는 것이다. 그림 2-5를 보면, 주가와 상대강도선의 추세선이 모두 돌파될 때를 기다리는 편이 매수신호를 잡는 데 유용하다. 가장 먼저 할 일은 상대강도선의 돌파를 기다리는 것이다. 그런 다음 주가가 추세 반전신호를 확인하면 행동을 취해도 된다. 상대강도선과 주가가 모두 추세선 돌파를 보이는 것은 흔한 현상이 아니다. 하지만 상대강도선과 주가가 모두 추세선 돌파를 보이면 이는 대체로 중요한 반전신호가 된다.

그림 2-6은 또 다른 가능성을 보여준다. 주가가 바닥을 찍기에 앞서 상승형 다이버전스가 나타난다. 이것이 매수신호는 아니지만, 기술적 지표가 호전되고 있다는 표시이므로 향후 긍정적 움직임을 위한 분위기가 조성되고 있다. 상대강도선에 대한 하락추세

---

* 결과를 통해 얻은 차트에 대해 가장 근접한 곡선을 얻고 더 나아가 이를 근사치로 나타낼 수 있는 수식 모델을 얻는 통계 툴 - 옮긴이

그림 2-5 상대강도와 추세선 분석

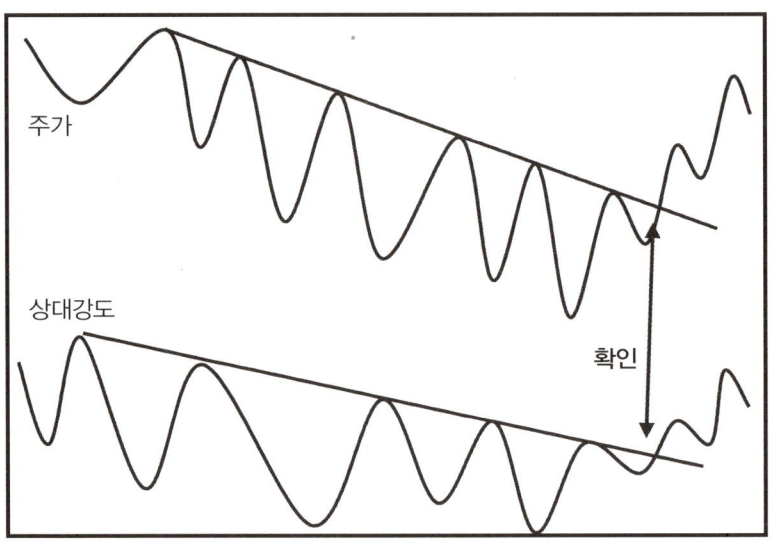

그림 2-6 상대강도 추세선 분석과 다이버전스

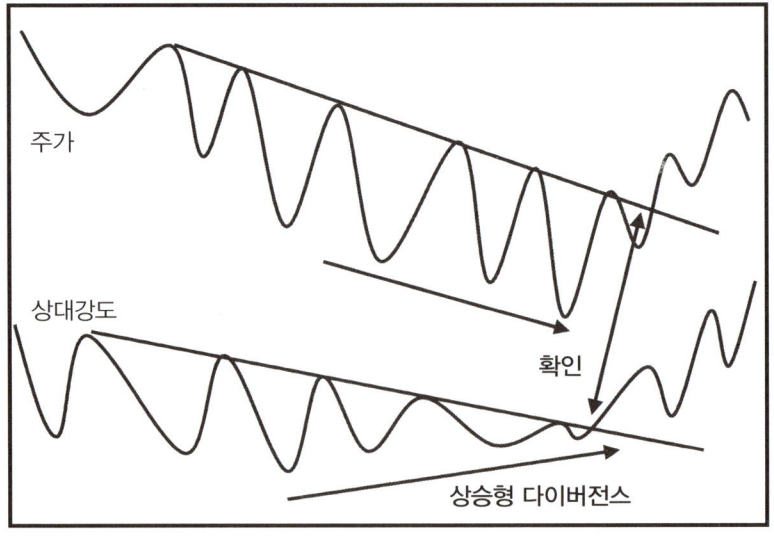

선이 돌파될 때 이런 현상이 일어나며, 이후 확고한 주가에서 비슷한 돌파가 일어나면서 확인되고 있다. 이러한 확인이 반드시 추세선 돌파일 필요는 없으며, 주가 패턴의 완성이나 믿을 만한 신호, 즉 이동평균 교차 혹은 고점과 저점의 동반 상승 등도 같은 역할을 한다.

그림 2-7도 하락세에서 유사한 형태의 동반 돌파를 보여주고 있다. 사실상 이처럼 상대강도선과 주가가 함께 돌파되면, 서로 지지하는 효과가 있어 더욱 강력한 신호가 된다.

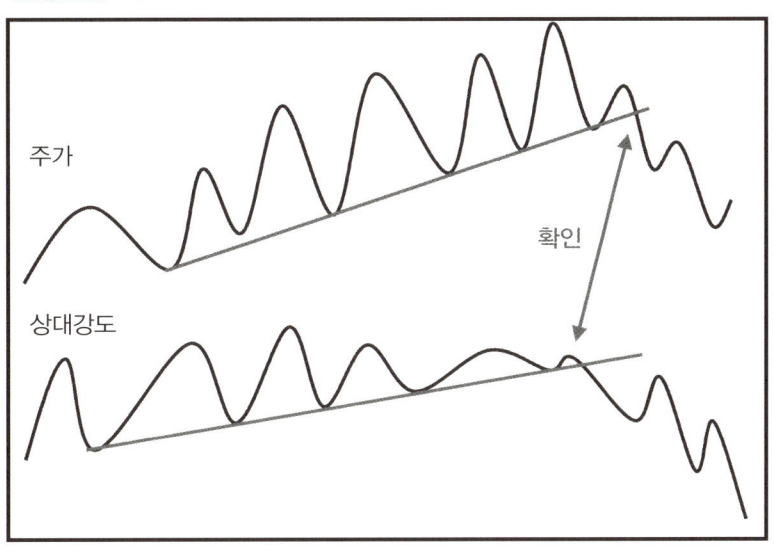

그림 2-7 상대강도와 상승추세선 돌파

주가 패턴

상대강도에서 추세를 분석할 때도 주가 패턴을 적용할 수 있다. 그림 2-8에서 상대강도선은 머리어깨형 고점을 완성하고 있다. 이는 상대강도의 추세가 반전되었다는 것을 의미한다. 이 경우 이 종목을 청산하고 상대강도 추세가 상승 반전되고 있는 종목을 매수해야 한다. 그러나 단지 실적 하락이 아닌 주가 자체의 하락을 확실히 예측하고 싶다면, 주가의 추세 반전신호를 기다려야 한다. 단기 저점을 나타내는 짧은 수평 추세선을 이탈하면 주가는 하락한다. 왜냐하면 짧은 수평 추세선을 이탈한다는 것은 동반 상승하던 저점과 고점이 이제는 동반 하락할 것임을 의미하기 때문이다. 주

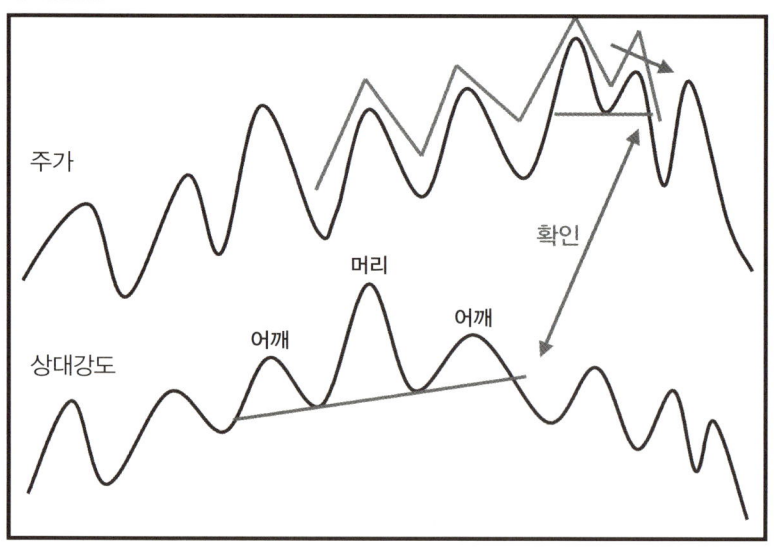

그림 2-8 상대강도와 주가 패턴 그리고 고점과 저점 분석

그림 2-9 상대강도와 주가 패턴

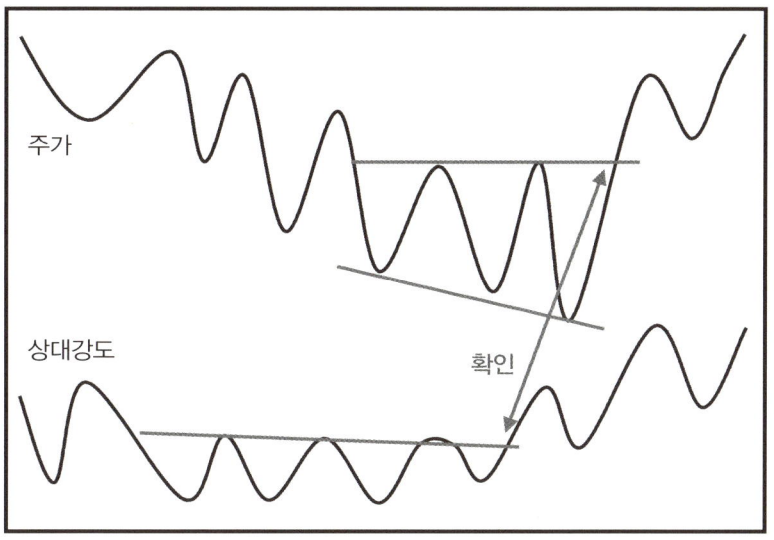

가가 반등해 추세선을 돌파한다고 해도, 저점과 고점의 하락세를 상승세로 반전시키지는 못하므로 여전히 하락추세로 간주된다는 것을 유념하기 바란다.

   그림 2-9 역시 같은 방식으로 해석할 수 있다. 단지 이번에는 하락추세에서 상승추세로 반전된다는 점이 다르다. 우선, 상대강도선이 주가와 함께 상승형 다이버전스를 보이면서 상대강도선과 주가의 추세가 곧 반전할 것임을 최초로 예고하고 있다. 그 때 상대강도선은 직사각형을 그리다가 상향 돌파한다. 그런 다음 주가의 고점을 이은 상단 추세선이 수평을 이루고 저점을 이은 하단 추세선이 하락하면서, 두 추세선 사이의 폭이 점점 넓어지는 패턴이 완

성된다. 이러한 움직임은 주가와 상대강도 모두 반전되었음을 확인하는 신호로 작용한다.

　이 형태의 폭이 점점 넓어지는 부분에서 하락하는 저점들을 대략적으로 이은 선의 기울기는 하향하고 있다. 그리고 고점을 이은 추세선은 수평을 이룬다. 이런 유형은 상당히 희귀하지만, 이것을 포착하게 되면 패턴의 크기에 비해 아주 강력한 반등이 뒤따른다. 이는 역 머리어깨형으로, 주가 움직임이 가파른 상승추세를 보이면서 아주 급하게 오른쪽 어깨를 그린다.

How to SELECT STOCKS Using TECHNICAL ANALYSIS

시장을 통해 본 상대강도의 예

◯ S&P 석유와 컴퓨터업종

차트 3-1은 S&P 국내석유domestic oil를 S&P지수와 비교한 상대강도선이다. 20세기의 대부분을 포괄하는 기나긴 장기 차트로, 상대강도선이 주가 패턴과 추세선을 구축하는 역할을 하고 있어 유용하다. 그다지 자주 나타나는 유형은 아니지만, 이 유형이 나타난 뒤에는 대체로 주가의 상대적인 동향이 몇 년 동안 지속된다. 앞으로 설명할 패턴 대부분이 차트 상에서는 작아 보이지만, 상당 기간에 걸쳐 나타나고 있다는 사실을 명심해야 한다. 따라서 패턴이 완

차트 3-1 S&P 국내석유지수의 상대강도선(1940~2001년)

(출처: pring.com)

성되면 대개 수년, 혹은 수십 년 동안 지속되는 시장 환경의 변화를 예고한다. 이를테면 1950년대 후반, 상대강도선은 15년에 걸쳐 머리어깨형을 그린다. 이 거대한 패턴이 돌파되면 시장의 심리 변화가 아주 오래 지속된다는 신호이다. 사실 1960년대 후반이 되어서야 상대강도선이 붕괴 포인트 수준으로 회복되었다. 1960년대에는 역 머리어깨형 돌파가 일어나고 이어서 이중바닥이 돌파되면서 1970년대와 1980년대의 주가 급등을 예고하였다. 그리고 이후 밀집삼각형 패턴이 완성되면서 이를 다시 확인했다. 다시 살펴보면 1970년대, 1980년대, 그리고 1990년대 초반에 이르는 전체

차트 3-2   S&P 국내석유지수의 상대강도선(1940~2001년)

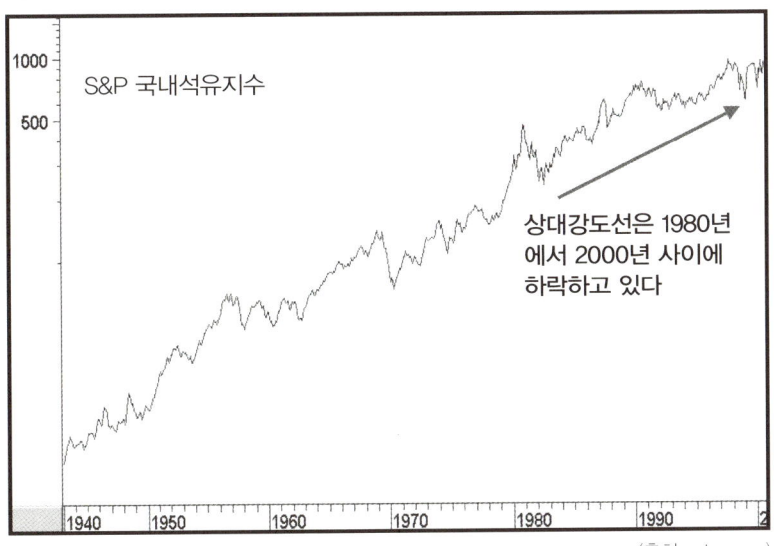

(출처: pring.com)

시기가 하나의 거대한 천장을 이루고 있다. 이 거대한 머리어깨형이 돌파되는 것을 지켜본 사람이라면 몇 년 동안 국내석유는 쳐다보지도 않았을 것이다. 그 당시에는 상대강도선이 그토록 오랫동안 가파른 하락세를 이어갈지 알 수 없었지만, 20년에 걸쳐 천장이 완성되면 석유업종에 투자해서는 안 된다는 충분한 경고가 되었을 것이다. 이는 상대적인 차트이므로 석유업종의 절대적인 주가에 대해서는 어떤 것도 알려주지 않는다. 아이러니하게도 차트 3-2를 보면 석유업종의 실적이 좋게 나타난다. 그럼에도 상대강도선이 하락한다는 것은 석유보다 훨씬 수익이 높은 투자 종목이 많았다

차트 3-3 S&P 컴퓨터업종의 상대강도선(1910~2001년)

(출처: pring.com)

는 의미다.

　차트 3-3은 S&P 컴퓨터(구 사무장비)업종의 상대강도선을 보여준다. 차트 왼쪽을 보면 25년 동안 이어져오던 상승추세선이 1930년대 중반에 붕괴된다. 이후 8년 동안 밀집consolidation이 이어진다. 계속해서 상대강도선이 20년에 걸친 하락추세선을 상향 돌파하면서 오랫동안 높은 수익성의 흐름을 보인다. 자세히 살펴보면 이 선이 이등변삼각형의 상단선이었다는 것을 알 수 있다. 돌파 당시에는 상승국면이 이토록 오랫동안 이어질지 알 수 없었다. 그러나 컴퓨터업종의 실적이 5~10년 동안은 S&P지수를 넘어설 것이라는 점은 어느 정도 확신을 가지고 예측이 가능했다. 아무튼 20년 추세선 돌파는 그다지 흔한 현상은 아니다.

이후 1980년대 후반에는 30년 머리어깨형을 이탈하였고, 따라서 상대강도선은 곤두박질쳤다. 이 하락국면 동안 상대강도는 80년에 걸친 상승추세선을 이탈했다. 말 그대로 80년에 걸친 상승추세선이다. 1990년대 들어 상대강도는 최고의 반등을 나타내지만, 20세기 상승추세선을 연장한 선까지 회복하는데 그친다.

물론 이런 장기 차트를 매주 연구할 필요는 없지만, 분기에 한 번쯤은 상대강도의 장기적인 그림을 기술적으로 분석해 새로운 장기추세가 나타나는지 검토해 보아야 한다. 더 자주 신경을 써야 할 것은, 훨씬 짧은 기간에 걸친 월간 차트를 검토한 다음 주간, 일간 차트를 검토하는 일이다. 단기 차트는 이후 따로 논의하기로 하고 지금은 두 개의 개별 주식에 대한 월간 차트를 살펴보겠다.

◐ 개별 종목과 상대강도 분석

차트 3-4는 보이스 캐스케이드 Boise Cascade 의 주가와 상대강도선이다. 차트의 시작 부분에서 상대강도선이 하락하지만, 반면에 주가는 상승한다. 이런 현상을 다이버전스라고 불렀는데, 이번 경우는 주가가 단지 전고점에 근접하는 것으로 엄밀히 말하면 다이버전스가 아니다. 주가가 전고점을 돌파하지 못하고 있기 때문이다.

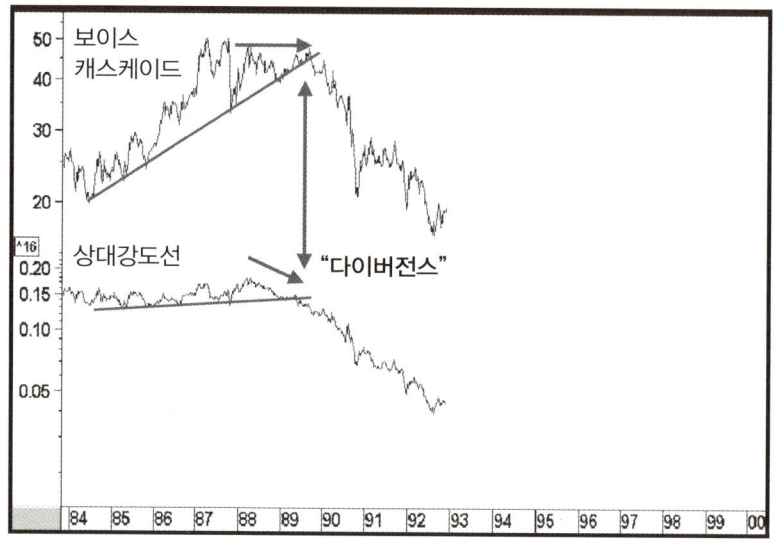

차트 3-4 보이스 캐스케이드와 상대강도선(1984~2000년)

(출처: pring.com)

아무튼 상대강도의 하락추세가 앞으로 일어날 재난을 예고한다는 점은 분명하다. 하지만 주가와 상대강도의 상승추세선이 각각 구축된 뒤에야 이러한 사실이 확인될 것이다.

처음 상대강도가 추세선을 이탈한 뒤 주가에 제동이 걸리면서 추세선을 이탈했다. 그런 다음 상대강도와 주가 모두 하락했다. 이 차트에서는 초기에 보인 상대강도선의 약세가 바로 주가 하락을 경고하는 신호였다.

차트 3-5에서 상대강도와 주가는 모두 바닥을 다졌다. 이 경우 주가가 먼저 바닥을 치고 올라왔다. 나는 대체로 상대강도가 선행하는 흐름을 선호한다. 왜냐하면 상대강도가 선행하지 않으면 황

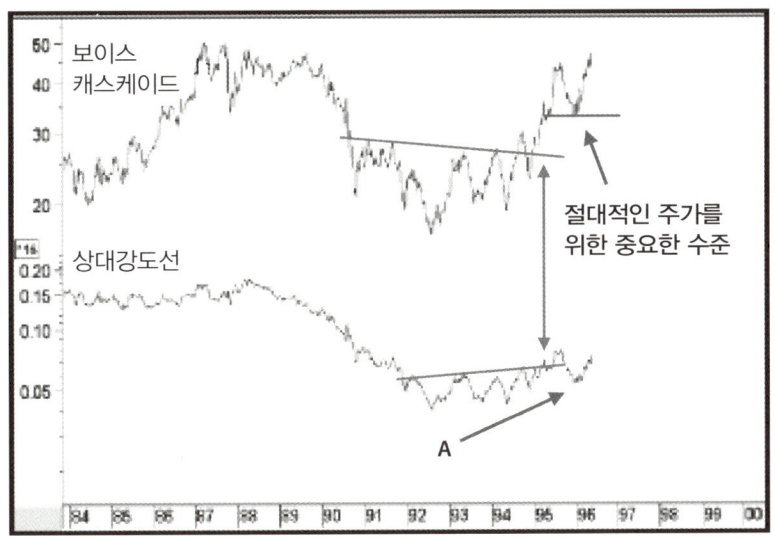

색 경고등이 켜졌다고 봐야 하기 때문이다. 주가는 바닥을 치고 올라온 뒤 가파르게 상승했고, 마침내 상대강도도 바닥을 치고 올라왔다. 그러나 상대강도선이 주가의 상승 탄력을 전적으로 지지하지 않으면서 결국 하락세로 반전하기 시작했다. 여기까지는 상대강도가 돌파 후 정상적인 되돌림을 보여주므로 아무 문제가 없다. 돌파 지점 아래에서 하락세가 멈추고 소폭 반등 후, 저점인 A가 아주 중요한 벤치마크라는 사실이 분명해진다. 상대강도선이 A 아래로 떨어지면 저점과 고점이 동반 하락하는 상황이 도래했다는 신호다. 또한 상대강도 돌파가 거짓이었음을 나타내는 신호가 된다. 휩소 돌파 이후에는 흔히 돌파한 폭만큼 다시 반대 방향으로 떨어

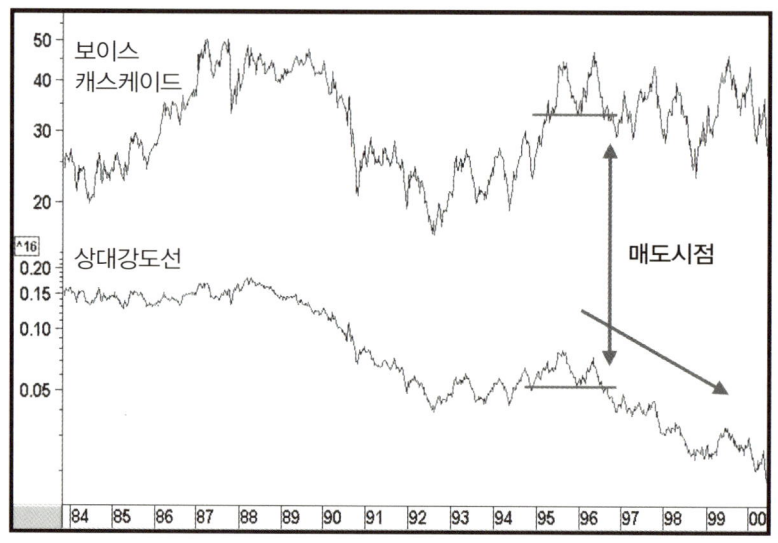

차트 3-6 보이스 캐스케이드와 상대강도선(1984~2000년)

(출처: pring.com)

지기 마련이다. 그리고 주가가 바닥을 형성하는데, 이것 역시 중요한 벤치마크다. 왜냐하면 바닥을 이탈하고 나면 고점과 저점이 연이어 하락하기 때문이다. 차트 3-6에서 상대강도선이 돌파 이후 저점을 이탈하면서 연이어 하락세를 보인다. 게다가 주가 역시 전저점 아래로 떨어진다. 이처럼 상대강도와 주가가 함께 전저점을 이탈하면 매도신호다. 이제 상대강도선이 새로운 약세장의 바닥을 형성하는 지점까지 하락했다.

　주가는 박스권을 형성하며 수많은 휩소를 보이다가 차트의 끝부분에 가서야 비로소 하락한다. 그러나 상대강도선이 지속적으로 하락하는 것은 보이스 캐스케이드보다 훨씬 실적이 좋은 종목들이 있었다는 표시다. 왜냐하면 보이스 캐스케이드는 이 기간을 통틀어 시장 실적을 훨씬 밑돌았기 때문이다.

◐ 휩소 찾기

상대강도와 주가에서 동반 돌파 혹은 동반 이탈이 일어나면, 추세 반전 또는 횡보세로 바뀐다. 하지만 항상 휩소에 대비해야 하는데, 주가는 심리에 의해 결정되며, 사람들은 언제든지 마음을 바꿀 수 있고, 또한 바꾸기 때문이다.

이런 점을 염두에 두고 차트 3-7 알베르토 컬버Alberto Culver를 보자. 두 개의 추세선 모두 하향 이탈한데다가 머리어깨형의 목선을 형성하고 있으므로, 앞으로 주가 하락이 확실해 보인다. 그리고 잠시 주가가 하락하지만, 반등 후 다시 하락해 돌파한 저점을 테스트한다. 그렇다면 최초의 저점을 이탈하느냐가 관건이다. 만약 최초의 저점을 이탈하지 않는다면, 추가 하락을 위한 탄력이 부족하다는 뜻이다. 이는 머리어깨형 천장 이후에는 드물게 나타나는 현상이다. 이 시점에서 기술적으로 보자면 강세는 아니다. 하지만 매도신호의 신뢰도는 의심스럽다. 하향 이탈, 즉 목선 아래로 떨어질 때 숏 포지션에 진입했다면 애초 기대가 실현되지 않을 경우에 대비한 청산 전략이 필요하다. 주가나 상대강도 중 하나가 각각의 목

차트 3-7 알베르토 컬버와 상대강도선(1980~2000년)

(출처: pring.com)

차트 3-8 알베르토 컬버와 상대강도선(1980~2000년)

(출처: pring.com)

선 위로 다시 반등하면 하향 이탈이 무효라는 첫 번째 실마리다. 차트 3-8이 이런 경우를 보여준다. 주가가 역시 오른쪽 어깨 위로 상승한 것에 주목하라.

이제 차트에서 강세국면을 살펴보자. 차트 3-8에서도 주가와 상대강도의 하락추세선을 구축할 수 있으며, 주가와 상대강도 모두 이 하락추세선을 상향 돌파한다. 이는 앞서 발생한 하락추세선 이탈이 휩소였다는 신호이다. 휩소 뒤에는 대개 반대 방향으로 가파른 움직임이 뒤따르므로, 추세선 하향 이탈은 사실상 매수신호였다. 또한 주가와 상대강도의 고점과 저점이 동반 상승하며 강세국면은 한층 탄력을 받는다. 그 이후 보다시피 상당폭의 상승세가 이어졌다.

● 열린 마음을 유지하라

마지막으로 차트 3-9의 애보트 랩스Abbott Labs를 살펴보자. 1986년 4월, 애보트 랩스의 상대강도는 신고점을 기록하지만, 주가는 신고점 달성에 실패한다. 겉보기에는 긍정적인 신호로 보이나 상승형 다이버전스는 하락 이전이 아니라 하락 후에 나타난다. 상승세 뒤에 주가가 상대강도선을 확인하지 못하면 불일치로 보아야 한다. 이후 주가와 상대강도선 모두 붕괴되면 매도신호다. 차트 3-9가 바로 이런 상황을 나타내고 있으며, 주가와 상대강도선 모두

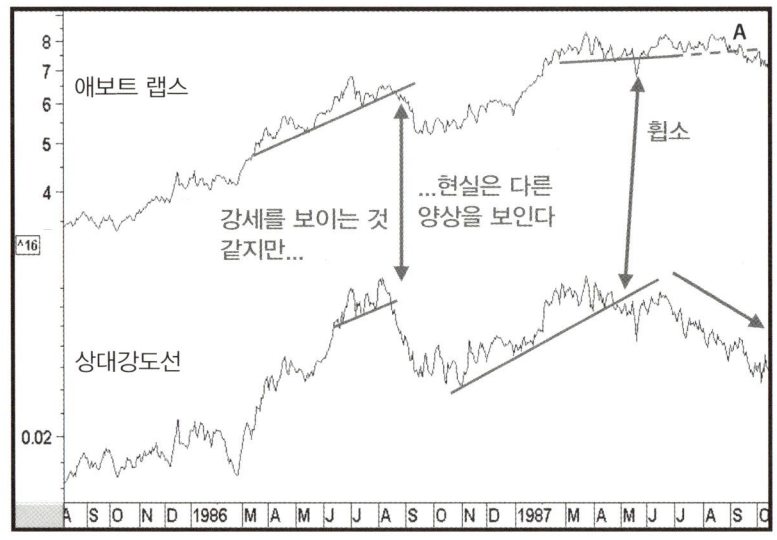

차트 3-9 애보트 랩스와 상대강도선(1985~1987년)

(출처: pring.com)

중요한 상승추세선을 이탈했다.

　이후 주가와 상대강도 모두 추세선을 구축할 수 있었고, 둘 다 이 추세선을 하향 이탈했다. 절대적인 주가의 상향 돌파는 휩소로 판명되었지만, 상대강도의 하향 이탈은 휩소가 아니었음을 주목하라. 이처럼 상대강도선이 약세를 보이면 주의 깊게 지켜보아야 한다. 첫째, 주가가 신고점을 기록해도 상대강도선이 하락하면 더 나은 투자 대상이 있다는 것이다. 둘째, 상대강도선이 하락하면 종종 주가의 기술적 지표가 그다지 좋지 않다는 경고다. 주가가 시장보다 느린 속도로 상승한다면, 시장이 하락세로 전환되었을 때 이 종목은 하락할 확률이 높지 않겠는가?

차트의 오른쪽 부분을 보면 이해가 될 것이다. 주가는 횡보를 보이지만, 추세선을 연장해 그어보면 A에서 다시 한 번 추세선을 하향 이탈했다. 상대강도선 역시 약세를 보이면서 새로운 약세장 저점을 기록한다.

결론은 상대강도선이 유용한 도구라는 것이다. 첫째, 상대강도선은 주가의 기술적 약세나 강세가 심화될지 약화될지 여부를 미리 경고한다. 즉, 주가가 상승하는데 상대강도가 약세를 보이면 불길한 신호이며, 주가가 하락하는데 상대강도가 강세이면 이는 청신호다. 둘째, 상대강도의 추세를 보면 가장 강세를 보이는 종목을 고를 수 있으며, 상대적으로 더 실적이 좋지 않은 종목을 피할 수 있다.

❯ 상대강도와 단기 모멘텀

모멘텀으로도 상대강도의 추세를 분석할 수 있다. 차트 3-10은 애보트 랩스의 차트로, 위쪽부터 차례로 상대강도선, 상대강도선의 14일 RSI(상대강도지수), 상대강도선의 MACD(단기 이동평균선과 장기 이동평균선 간 이격도의 추세를 나타내는 오실레이터)를 나타낸다. 시황은 크게 두 국면으로 나눌 수 있다. 첫째, 1998년 말부터 2000년 초까지 약세장이 계속된 이후 강세가 뒤따른다. MACD를 자세히

차트 3-10 애보트 랩스의 상대강도선과 두 가지 지표(1998~2001년)

(출처: pring.com)

보자. 약세장 동안 MACD는 과매수 상태에 도달하지 못하는데, 반등을 기대할 만한 과매도신호도 보이지 않는다. 강세국면에서는 이와 반대다. 오실레이터는 흔히 이런 움직임을 보이는데, 주요 강세장에서는 양상이 변한다. 북반구의 철새처럼 오실레이터는 겨울(약세장)에는 남쪽으로 이동하고, 여름(강세장)에는 북쪽으로 날아간다. 과매도 오실레이터가 반등의 조짐을 보이지 못하면, 우세적인 추세가 약세라는 것을 암시한다. 물론 항상 그런 것은 아니지만, 많은 경우 이 원칙이 적용될 수 있다.

이제 상대강도의 추세를 분석해보자. 차트 3-11의 화살표 A가

차트 3-11 애보트 랩스의 상대강도선과 두 가지 지표(1998~2001년)

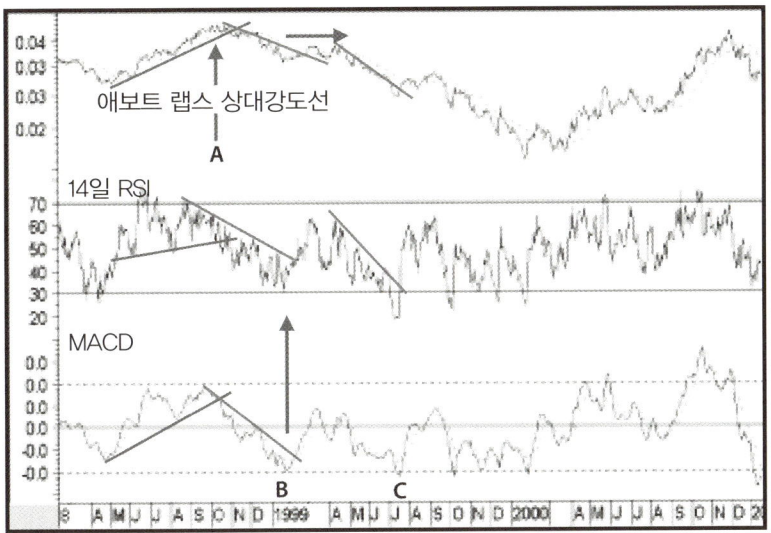

(출처: pring.com)

가리키는 부분에서 천장이 형성되고 있다. 곧 RSI와 MACD가 상승추세선을 이탈하면서 약세신호가 나타나기 시작한다. 이후 상대강도선이 상승추세선을 이탈하면서 약세를 확인한다. 이 두 가지 신호가 약세장을 예고하기에 충분하지는 않지만, 상승추세가 몇 달 동안 주춤하리라는 것만은 분명히 알려준다. 실제로 이후 몇 달 동안 애보트 랩스가 시장 실적을 능가하지 못하리라는 것을 예고해 주었다. 나중에 밝혀진 바에 의하면, RSI 추세선은 머리어깨형 천장의 목선이었다.

1999년으로 접어들면서 주가는 점점 더 실망스러운 움직임을 보였다. B에서의 과매도 상태는 박스권 횡보로 이어지고, 이후 상대강도의 하락추세가 다시 시작된다. B 바로 직후에 나타나는 추세선 돌파를 보라. 큰 폭의 상승이 뒤따라야 했으나, 실제로는 그렇지 않았다. 이런 유형의 움직임은 대체로 약세장을 예고하는 신호다. 거짓 신호를 보내는 지표들은 전형적으로 역추세 방향으로 움직이며, 실제 추세는 반대 방향으로 형성된다. C 이후에 나타나는 추세선 이탈 역시 결과는 실망스럽다. 차트 3-12 또한 상대강도의 세 가지 지표와 함께, 이번에는 맨 위에 주가를 포함시켰다. 화살표 A 부근에서 상대강도는 일찌감치 매도신호를 보냈다. 하지만

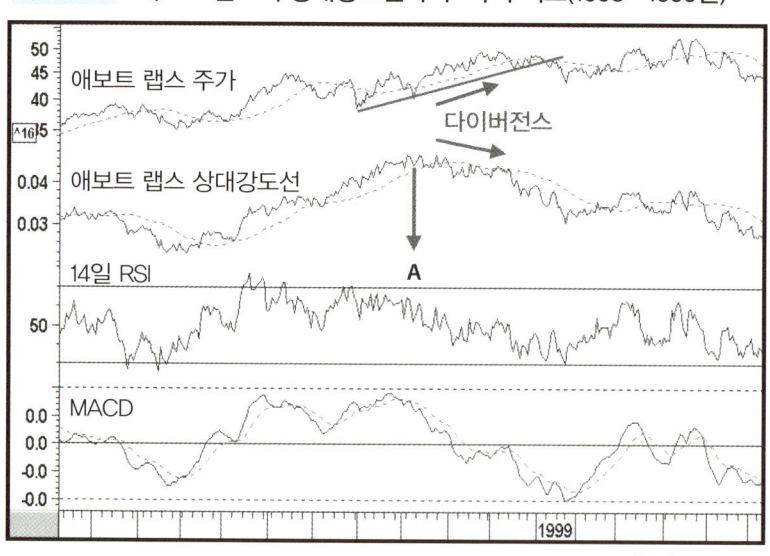

차트 3-12 애보트 랩스의 상대강도선과 두 가지 지표(1998~1999년)

(출처: pring.com)

차트를 보면 절대적인 주가는 상승세를 이어가고 있다. 반면 상대강도선은 하락형 다이버전스를 보이면서 기술적 약세를 나타내고 있다. 그럼에도 주가는 1998년 9월부터 1999년 1월까지 계속 상승 추세선을 상회하고 있다가, 1999년 1월 추세선을 이탈하면서 상대강도선을 확인하는 동시에 매도신호를 보낸다. 앞서 형성된 상대강도선의 매도신호가 청산에 나서기에는 불충분한 증거였다면, 이번 주가의 추세선 이탈은 확실한 신호였다.

차트 3-12가 일부 구간만 강세를 보였다면, 차트 3-13은 더 많은 강세를 보인다. 이 시기에 접어들 무렵 상대강도선은 강한 약세

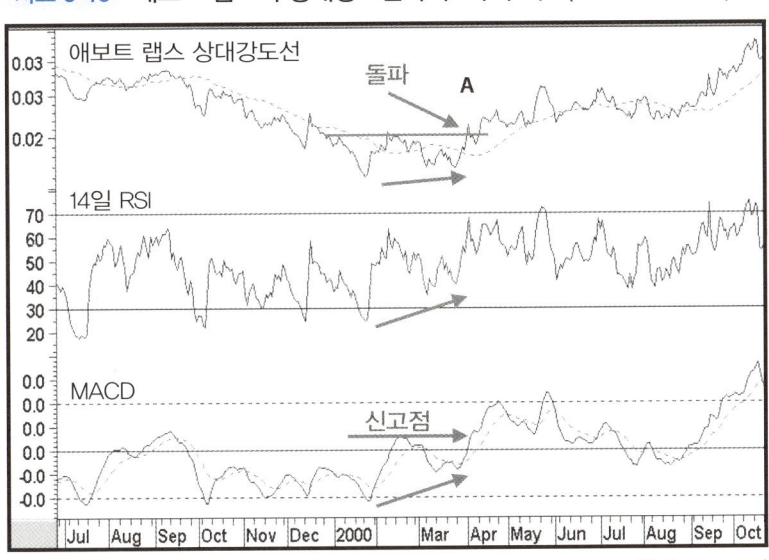

차트 3-13 애보트 랩스의 상대강도선과 두 가지 지표(1999~2000년)

(출처: pring.com)

장을 보였고, 모멘텀지표들은 거짓 신호를 내고 있었다. 그러나 맨 위에 있는 상대강도선의 A에서 두 번째 바닥을 형성한 이후 모멘텀지표인 14일 RSI와 MACD가 기준선 아래로 거의 떨어지지 않으므로, 이는 긍정적 신호로 볼 수 있다. 또 하나 주목할 것은 MACD가 전고점 위로 움직였다는 점인데, 이는 약세장보다는 강세장에 적합한 변화를 예고한다.

마지막으로 상대강도선이 A에 형성된 이중바닥 패턴의 꼭대기를 그은 수평선을 상향 돌파하면서 이러한 움직임을 확인했다. 동시에 상대강도선의 고점과 저점이 동반 상승했다. 약세장 내내 반등 고점이 전고점보다 낮았고, 저점 역시 점차 하락했다. 따라서 고점과 저점이 동반 상승하는 반전은 매우 긍정적인 신호다.

지금까지 상대강도의 개념과 응용법을 간략하게 살펴보았다. 이제 종목 선정 과정에서 상대강도를 파악하는 이유를 충분히 이해했으리라 본다. 이제 두 번째 도구인 평활 장기 모멘텀smoothed long-term momentum을 살펴보자.

How to SELECT STOCKS Using TECHNICAL ANALYSIS

chapter 04

평활 장기 모멘텀

▶ 시장 사이클 모델

    기술적 분석에 활용되는 추세는 다양한데, 가장 널리 쓰이는 것은 단기, 중기, 장기추세다. 장기추세는 주요 강세장primary bull market 또는 주요 약세장primary bear market이라고도 부른다. 그림 4-1의 굵은 선이 바로 장기추세다. 주요 상승추세와 하락추세는 대개 짧게는 9개월에서 길게는 3년까지 지속되며, 때로는 3년 이상 이어지기도 한다. 추세는 서서히 구축되고 상대적으로 급하게 무너지므로, 대체로 주요 상승추세가 하락추세보다 오래 지속된다. 바닥과 바닥 사이에는 대체로 4년 이하의 기간이 존재한다. 주추세 primary trend에 대해서는 이후에 상세히 논의하겠다. 우선은 주추세가 소위 4년 비즈니스 사이클을 중심으로 형성된다는 것만 밝혀두고자 한다. 중심이 되는 추세의 방향뿐 아니라 성숙도까지 이해하려고 노력해야 한다. 이 점은 투자자와 트레이더 모두에게 매우 중요한 요소다. 6개월~2년 정도의 단위로 거래하는 투자자라면 물론 주추세에 초점을 맞추어야 한다는 것이 자명하다. 그러나 2~6주 단위로 거래하는 트레이더 역시 주추세의 방향과 성숙도를 알아야 한다. 주추세에 영향을 받지 않는, 즉 추세에 따라 등락을 거

그림 4-1 시장 사이클 모델

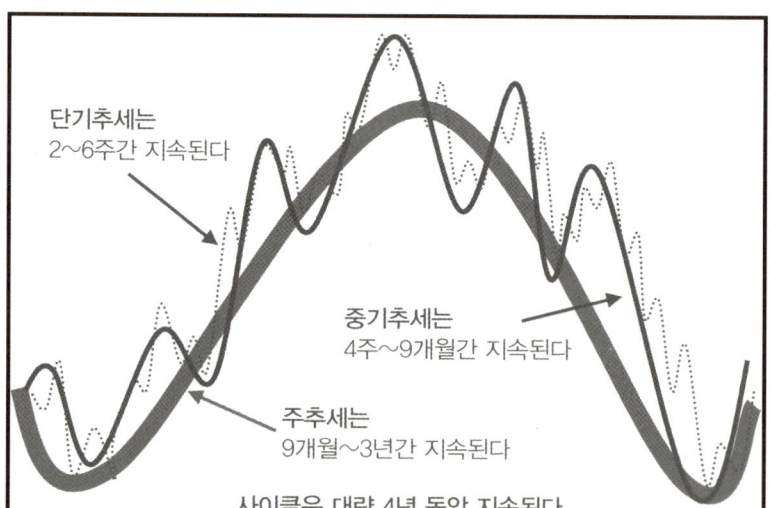

(출처: pring.com)

듭하지 않는 종목이나 시장은 없으며, 중단기추세의 규모와 신뢰도는 주추세의 방향에 크게 영향을 받기 때문이다. 이 문제는 잠시 후 다시 논의하기로 하자.

주가는 일직선으로 상승하거나 하락하지 않고 중간에 반등과 반락이 끼어드는데, 그림 4-1에서 가는 실선이 이것을 보여준다. 이런 중간의 움직임은 대체로 짧게는 6주에서 길게는 9개월까지 지속된다. 강세장에서 반등국면은 대체로 약세장의 반등보다 더 오래 지속되며, 약세장에서 하락국면은 강세장의 하락국면보다 더 오래 지속된다. 어떤 사례를 보면, 중간에 일어나는 가격 움직임이 고작 3주에 그치기도 한다. 중간 반등과 반락 역시 2~6주 정도 지속되는 단기추세의 방해를 받는다. 단기추세는 그림 4-1에서 점선으로 표시되고 있다.

또 다른 추세들도 존재하는데, 이를테면 초장기추세 secular trend 는 8~25년간 지속되며, 그 안에 여러 개의 주추세를 포괄하고 있다. 마찬가지로 단기추세 역시 시간 또는 일간 데이터 등 더 짧은 기간에 일어나는 추세의 방해를 받는다. 하지만 이 책에서는 단기, 중기 그리고 주추세를 중심으로 논의하겠다.

종목을 선별할 때는 현재 시장이 굵은 실선으로 표시한 장기 사이클에서 어떤 위치에 있는가를 판단해야 한다. 이러한 판단에 유용한 몇 가지 도구가 있지만, 먼저 주추세가 투자자와 단기 트레이더 모두에게 중요한 이유부터 이해하는 것이 필수다.

◐ 주추세가 투자자와 단기 트레이더 모두에게 중요한 이유

경기가 좋으면 모두가 혜택을 본다는 원칙은 시장에도 적용된다. 주요 강세장에서 단기 매수신호는 대개 상당한 움직임으로 끝난다. 반대로 강세장에서 매도신호 뒤에는 밀집이 뒤따르거나 전혀 하락의 기미조차 보이지 않는다. 약세장에서도 같은 원칙이 이와 반대로 적용된다. 이를테면 매도신호 뒤에는 대체로 공매도 기회가 이어지지만, 매수신호 뒤에는 매매 기회 대신 밀집이나 휩소가 이어지는 경우가 많다. 여기서 꼭 이해해야 할 부분은, **만약 휩소가 발생한다면 반드시 역추세 방향에서 형성된다는 것이다.** 단기 매수할 종목을 찾기 위해 데이터베이스를 살피고 있다면, 주요 강세장에 있는지 반드시 확인해야 한다. 그리고 공매도할 종목을 찾는다면 살펴보고 있는 종목이 주요 약세장에 있는지 반드시 확인해야 한다. 물론 항상 정확하게 들어맞는다고 할 수는 없다. 하지만 기술적 지표가 약세장을 가리킨다면, 단기적 상황이 상승세를 나타내도 매수를 피해야 한다. 약세장에서 매수신호는 휩소일 확률이 높다.

차트 4-1은 주요 강세장과 약세장으로 구분된다. 차트 맨 위에 그린 수평선에서 실선은 강세, 점선은 약세국면이다. 첫 번째 두 개의 주추세는 화살표로 표시했다. 주가는 단기 모멘텀신호에 따라 검은 선과 회색 선으로 차이를 두었음을 주목하기 바란다. 14일

차트 4-1 하트포드 스팀과 단기 매수, 매도신호(1998~2001년)

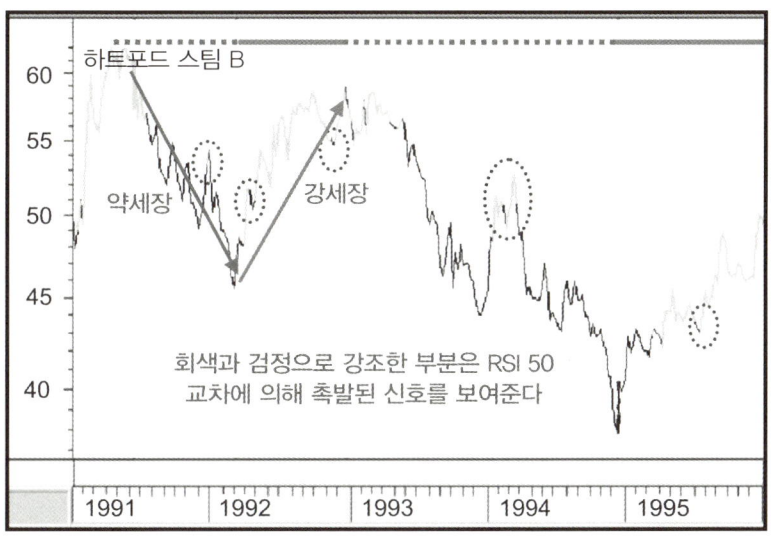

(출처: pring.com)

RSI가 기준선인 50 수준 위로 올라오거나 내려가면 단기 모멘텀신호가 발효된다. 나는 이 시스템을 권장하지는 않으며, 단지 단기 강세국면과 단기 약세국면을 보여주는 자료로 활용할 뿐이다. 이 훈련의 목적은 주요 추세 방향으로 생성되는 단기신호와 반대 방향으로 생성되는 단기신호를 식별하자는 것이다. 이런 관점에서 타원으로 표시한 모든 신호는 휩소이고, 그럴 뿐만 아니라 역추세 신호이다. 이를테면 가장 왼쪽에 있는 신호는 약세장의 매수신호다. 1992년 초에 나타나는 그 다음 신호는 강세장의 매도신호다. 일반적으로 말해서, 추추세와 동일한 방향의 단기신호라고 해서

제4장 평활 장기 모멘텀

언제나 수익이 나는 것은 아니다. 왜냐하면 기술적 분석에서 '언제나'라는 건 있을 수 없기 때문이다.

차트 4-2는 독일 국채이다. 차트 4-1과 마찬가지로 굵고 가는 점선은 주추세를 나타낸다. 그러나 신호생성 방법은 10주 이동평균 교차다. 주요 추세 방향으로 생성된 단기신호가 모두 수익이 나지는 않는다는 것을 보여주기 위해 휩소들은 2개의 직사각형으로 표시했다. 왼쪽 직사각형은 밀집패턴으로 매수신호와 매도신호 모두 휩소였다. 주요 상승 또는 하락국면에서 이런 박스권이 형성되는 것은 자연스러운 현상이다. 따라서 주요 강세장에서는 휩소 매수신호가, 주요 약세장에서는 휩소 매도신호가 발효된다. 동그라

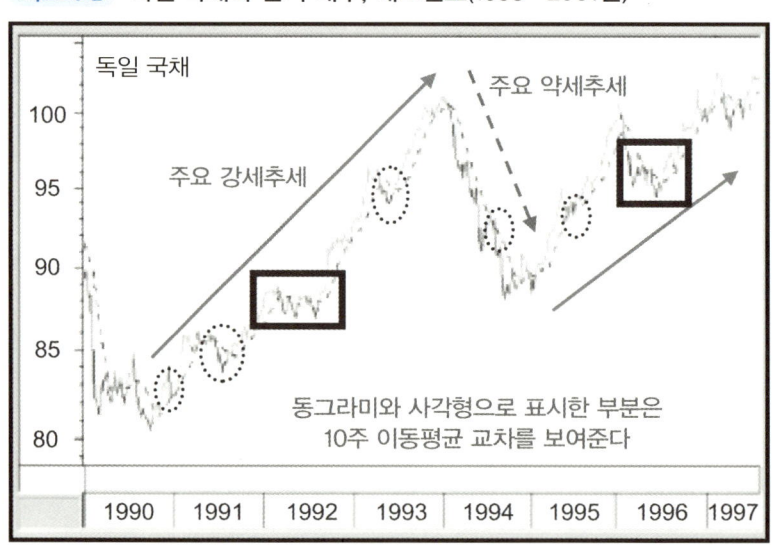

차트 4-2 독일 국채와 단기 매수, 매도신호(1998~2001년)

(출처: pring.com)

미 속에 있는 신호를 보면 거짓 신호 대부분이 역추세 방향으로 일어난다.

◆ 장기 모멘텀

모든 주추세의 반전을 신속하게 포착할 수 있다면 좋겠지만, 안타깝게도 그렇게 간단하지가 않다. 우리가 이용하는 지표들은 추세가 형성된 훨씬 뒤에야 반전신호를 내는 경우가 많다. 유용한 기법 중 하나는 12개월 이동평균 교차를 주추세 반전의 신호로 삼는 것이다. 여러 시장에서 테스트해본 결과 12개월이 합리적이었다. 6개월과 7개월 이동평균 역시 테스트 결과가 괜찮았다. 하지만 어떤 시간단위도 완벽하지 않으며 아쉬운 점이 많다는 것을 명심해야 한다. S&P 국내석유지수를 나타내는 차트 4-3을 보면, 유효한 신호도 일부 있지만 휩소도 많다. 1999년 초기의 매수신호는 너무 늦었다는 것을 알 수 있다. 이는 장기추세 반전을 식별하는 수많은 기법들 중 하나일 뿐이다. 이를테면 주요 주가 패턴의 완성과 추세선 이탈 등을 관찰할 수 있다. 이 기법들 중 어떤 것도 완벽하지 않고, 이동평균 교차를 제외하면 중요한 전환점에서 일관되게 나타나지도 않는다.

우리가 받아들여야 할 기술적 분석의 결점 중 하나를 꼽자면 어떤 지표도 완벽하지 않다는 사실이다. 따라서 때로는 타협이 필요

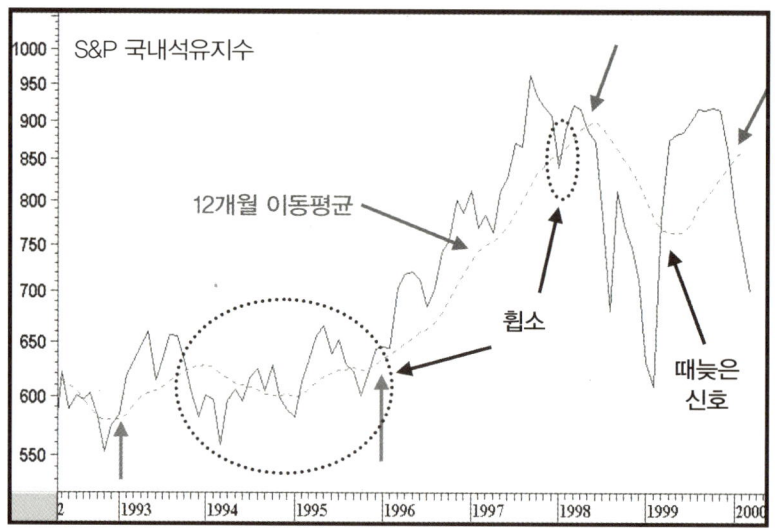

(출처: pring.com)

하다. 한 가지 유용한 방법은 그림 4-1에서 보듯 평활 장기 모멘텀 지표를 산출해 주추세 사인 곡선sine curve을 그리는 것이다. 모멘텀 지표에 비해 평활 모멘텀지표의 장점은 느긋하게 서서히 움직이므로 균형 있는 주가 전망이 가능하다는 것이다. 따라서 주추세가 과매도로 상승으로 돌아설 것인지, 혹은 과매수로 약세국면으로 접어들 것인지 훨씬 쉽게 판단할 수 있다. 이러한 성격의 모멘텀 평활은 주가와 상대강도선 모두에 적용해서 산출하고 그릴 수 있지만, 우선은 주가에 집중하고자 한다. 문제는 바로 우리가 어떤 지표를 쓰는가이다.

스토캐스틱

차트 4-4는 S&P 알루미늄지수의 두 가지 평활 모멘텀을 보여준다. 목표는 지수에 주요 등락을 반영하고 변곡점에 근접하여 반전하는 지점을 발견하는 것이다. 중앙에 있는 지표는 36/15/9 스토캐스틱이다. 36은 36일 동안의 %K이며, 15는 슬로잉 요소로 차트에는 검은 선으로 보인다. 마지막으로 9는 %D 평활로, 차트에는 점선으로 나타난다. 스토캐스틱을 해석하는 방법은 다양하지만, 여기서는 %D와 %K의 교차에만 의존하겠다. 보다시피 %D와 %K의 교차는 지수의 폭넓은 등락을 잘 반영하고 있다.

문제는 동그라미 두 개로 표시한 부분에서 휩소가 나온다는 것

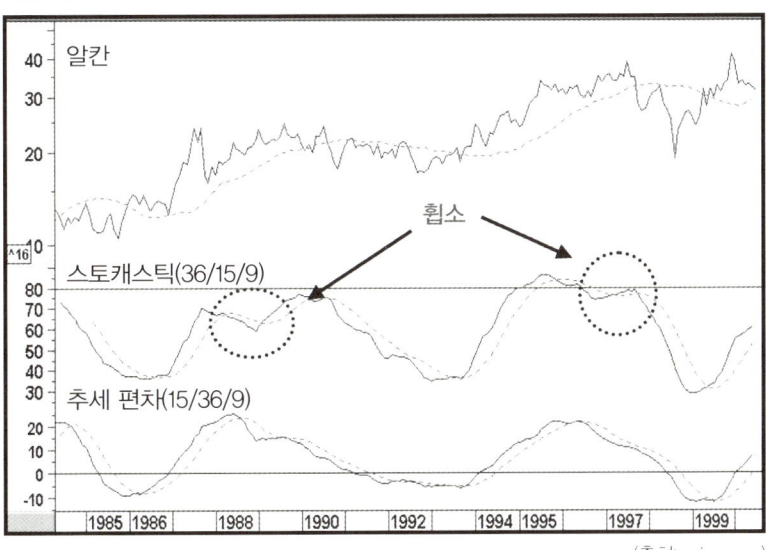

차트 4-4 알칸과 두 가지 지표(1984~2000년)

(출처: pring.com)

제4장 평활 장기 모멘텀

이다. 36/15/9 조합이 유일한 조합은 아니지만, 내가 생각해낸 최상의 조합 중 하나였다. 앞으로 살펴볼 다른 지표들을 활용할 수 없을 경우를 대비해 이 지표를 소개하는 것이다. 스토캐스틱이 완벽한 지표는 아니지만 주추세 반전을 확인하는 데 거의 정확하다는 면에서 어느 정도 요긴하다.

추세 편차(주가 오실레이터)

하단에 보이는 것이 15/36/9 추세 편차trend-deviation지표다. 추세 편차지표는 종가 혹은 이동평균을 추세의 단위로 나누어서 산출한 오실레이터 즉, 모멘텀 시리즈다. 추세의 단위는 대체로 장기 이동평균을 활용한다. 차트 4-5를 보자. 상단에는 종가와 15개월 이동평균, 중앙에는 15개월과 36개월 이동평균, 하단에는 36개월 이동평균을 15개월 이동평균으로 나눈 추세 편차지표가 표시되었다. 두 평균이 같은 수준에 있을 때마다 오실레이터는 0이 된다. 왼쪽에 있는 수직 하강 화살표는 15개월 이동평균이 36개월 이동평균을 하회할 때의 신호이고, 오른쪽 수직 상승 화살표는 15개월 이동평균이 36개월 이동평균을 상회할 때의 신호다. 사실 0 교차는 15개월 이동평균이 36개월 이동평균을 상회하거나 하회할 때를 알려준다. 오실레이터가 양수 영역에 있으면 15개월 이동평균이 36개월 이동평균을 상회하며, 오실레이터가 음수 영역에 있으면 15개월 이동평균이 36개월 이동평균을 하회한다. 추세 편차지표와 나란히 그린 점선은 지표의 9개월 이동평균이다. 9개월 이동평균

차트 4-5   알칸과 추세 편차지표(1984~2000년)

(출처: pring.com)

은 추세 편차가 방향을 전환할 때 신호를 보내는 역할을 한다. 일부 차트 패키지에서는 추세 편차지표를 주가 오실레이터라고 부르기도 한다.

차트 4-6을 보면, 1988년과 1997년에 스토캐스틱은 휩소를 내지만 추세 편차는 휩소를 내지 않는다. 또한 1985년 바닥과 1988년 고점 등 일부 경우에는 편차 오실레이터가 스토캐스틱에 선행한다. 그 밖의 변곡점들은 대체로 동시에 일어났다. 따라서 추세 편차는 휩소가 적으며, 더 적시에 신호를 낸다.

차트 4-7은 1960년대와 1970년대의 S&P지수와 추세 편차지표

제4장 평활 장기 모멘텀

차트 4-6 알칸과 두 가지 지표(1984~2000년)

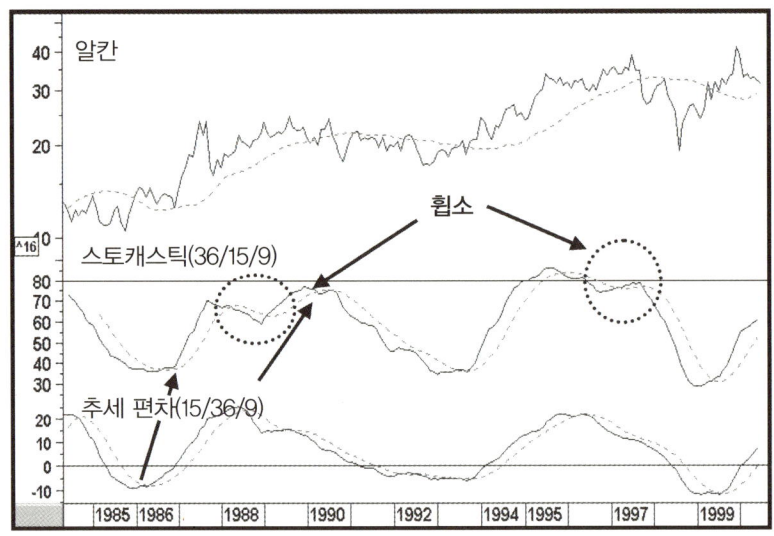

(출처: pring.com)

를 보여준다. 보다시피 추세 편차지표가 S&P의 주기적인 파동을 잘 반영하고 있다. 바닥이나 매집구역에서 대부분 신호를 내며, 천장이나 분산구역에서도 역시 마찬가지다. 이들 신호는 트레이더나 투자자 모두에게 아주 유용하다. 투자자들은 비교적 장기적인 시점을 선호하므로, 시장과 개별 종목의 주추세가 언제 반전될지를 알면 도움이 된다. 이와 마찬가지로 주추세의 방향을 아는 것은 트레이더에게도 유용하다. 강세장의 단기 매수신호 뒤에는 더 가파른 반등이 따르고, 약세장의 매수신호 뒤에는 휩소가 이어지기 때문이다.

차트 4-7   S&P지수와 추세 편차지표(1961~1981년)

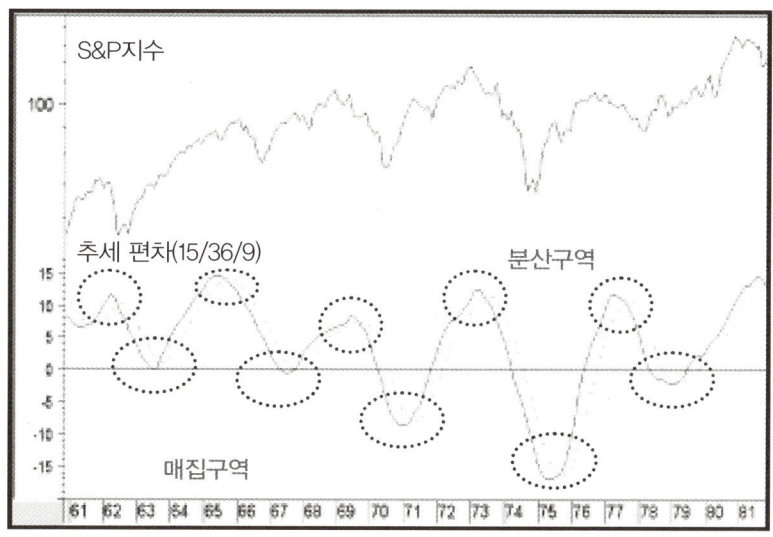

(출처: pring.com)

차트 4-8   S&P 금융과 추세 편차지표(1983~2000년)

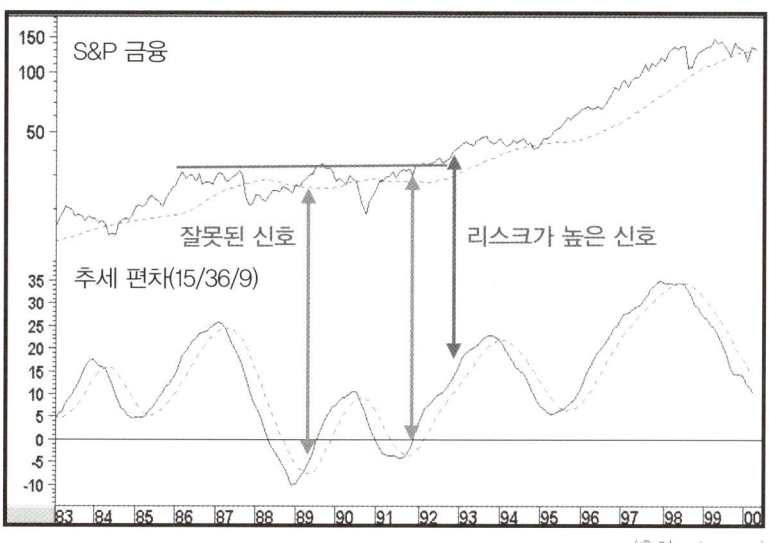

(출처: pring.com)

제4장 평활 장기 모멘텀

중요한 점은 이 지표가 일관되기는 하나, 완벽하고는 거리가 있다는 사실이다. 차트 4-8은 S&P 은행업종지수다. 변곡점들은 S&P 은행업종지수의 등락을 반영하지만, 일부 이동평균 교차는 너무 늦어서 별 도움이 되지 않는다. 예를 들어, 1988년의 교차는 마지막 고점과 너무 가까이 있는데, 1992년에도 역시 마찬가지 현상이 나타났다.

모멘텀을 적용하는 유용한 방법은 주가 추세신호의 종류로 오실레이터신호를 확인하는 것이다. 1986~1992년 동안 수평을 이루는 추세선에서는 추세 돌파가 없다가 1992년 말 추세선이 돌파된다. 하지만 당시 오실레이터는 과매수 상태로 리스크가 높은 신호였다. 과매수 상태에서 형성된 신호 뒤에 주가 상승이 이어지지 않는다고 말하는 책은 없다. 그러나 0 수준 아래 혹은 0 수준 근처에서 형성된 교차야말로 적중할 확률이 훨씬 높다. 이 때문에 나는 **트레이딩과 투자에 있어서 게릴라 접근법을 선호한다**. 달리 말하면 신호가 나올 때마다 아무 의심 없이 매수 혹은 매도하기보다는, 몇 가지 추세 역전의 증거가 분명하게 나타날 때까지 기다렸다가 행동에 옮기는 것이다. 어쨌든 슈퍼마켓에 가서 토마토를 살 때도 무작정 처음 손에 잡히는 대로 사지 않고 터지지 않으면서도 가장 좋은 것을 고르지 않는가. 시장에서도 마찬가지다. 많은 지표가 한 방향을 가리킬 때, 그리고 오실레이터가 과매수 상태보다는 과매도 상태에 좀 더 가까울 때만 행동에 나서야 한다.

이후 우리가 활용할 기법의 하나는, 기술적으로 유리한 하나의 업종을 따로 떼서 그 업종의 개별 종목들을 살펴 매수하기 좋은 후보를 선정하는 것이다.

❯ 업종에서 종목으로

차트 4-9는 S&P 알루미늄업종이다. 대체로 지표는 완만한 파동을 보이지만, 1988년과 1992년 두 차례 주목할만한 휩소가 있었다. 이런 미혹하는 신호를 피하는 한 가지 방법은 주가의 추세 반

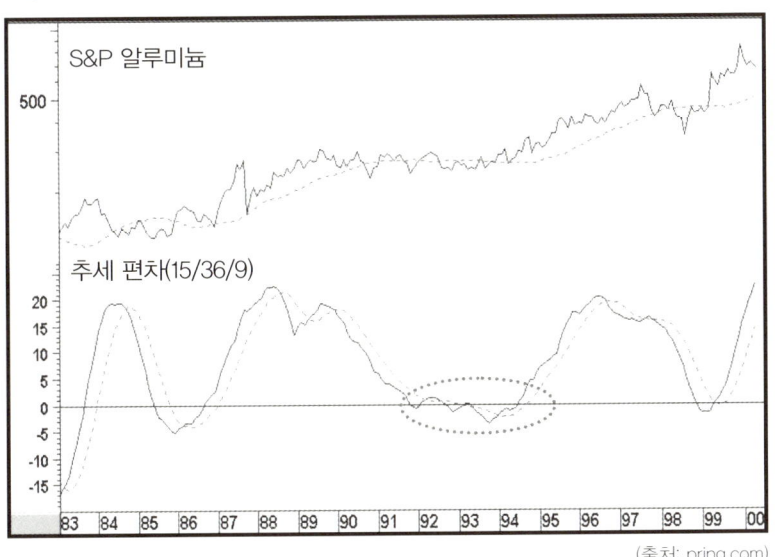

차트 4-9 S&P 알루미늄과 추세 편차지표(1983~2000년)

(출처: pring.com)

전신호를 기다리는 것이다. 어쨌든 매수, 매도하는 기준은 모멘텀이 아니고 주가다. 모멘텀이란 대상 주가의 기술적 입지가 악화되고 있느냐 아니면 향상되고 있느냐를 가르쳐줄 뿐이다. 모멘텀에 부응하는지 여부는 주가만이 말할 수 있다.

예를 들어, 차트 4-10의 오토매틱 데이터Automatic Data를 보자. 1985년에서 1987년 사이에 상승추세선을 구축할 수 있었다. 추세 편차지표가 이동평균을 하회하면서 매도신호를 낸 뒤, 주가는 추세선을 하향 이탈하면서 그 매도신호를 확인한다. 1992년부터 2000년까지 8년 동안 오실레이터는 3번의 매도신호를 냈지만, 어

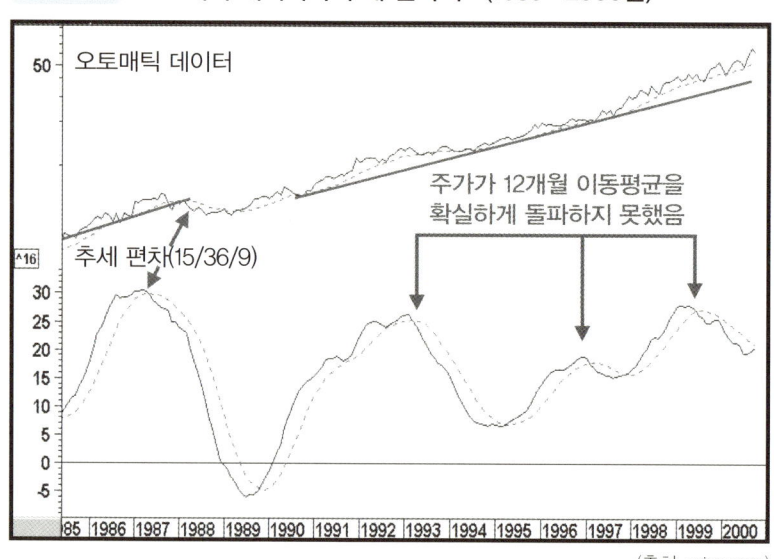

차트 4-10 오토매틱 데이터와 추세 편차지표(1985~2000년)

(출처: pring.com)

떤 매도신호에도 주가 하락이 뒤따르지 않았다. 사실 이 기간 내내 주가가 12개월 이동평균(점선으로 표시됨)을 밑돈 적은 없었다. 심지어 2000년 말에도 주가는 추세선 위에 자리를 지키고 있었다. 이는 극단적인 예지만, 모멘텀지표가 아무리 강세 혹은 약세를 보여도 주가 확인을 기다리는 것의 중요성을 보여준다.

이 점을 염두에 두고 차트 4-11을 보자. 특히 1992~1994년까지 기간에 주목하라. 오실레이터가 두 차례 휩소를 일으켰다. 주가가 신고점 달성에 실패하면서 지표를 확인하지 않았다는 점에 유의하기 바란다. 이후 주가는 신고점을 기록하지만, 오실레이터에 작은

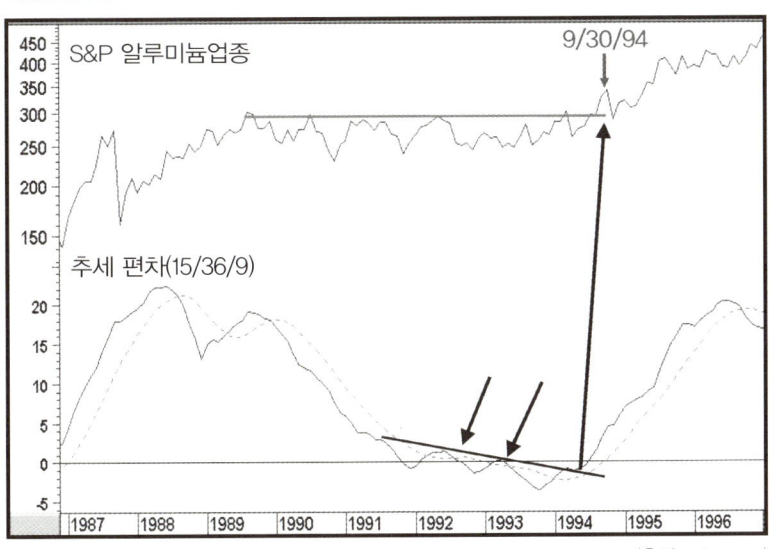

차트 4-11 S&P 알루미늄업종과 추세 편차지표(1987~1996년)

(출처: pring.com)

제4장 평활 장기 모멘텀

차트 4-12 알칸과 추세 편차지표(1987~1996년)

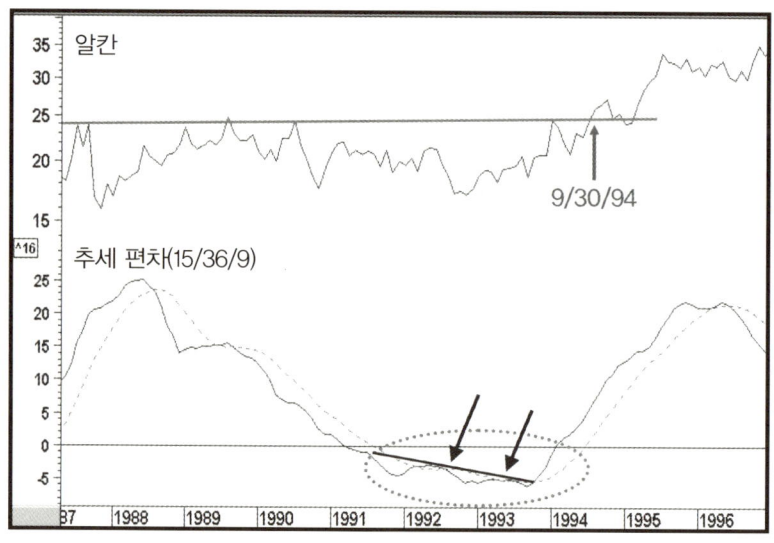

(출처: pring.com)

하락추세선을 그을 수 있었다는 점부터 먼저 확인하라. 추세선 돌파와 비슷한 시기에 세 번째 매수신호가 형성되면서 강력한 모멘텀신호를 보냈다. 그러나 아직까지는 단지 모멘텀신호일 뿐, 9월 30일에 주가가 수평 추세선 위로 돌파한 후에야 확인되었다.

이제 알루미늄종목들을 살펴보자 차트 4-12에서 알칸을 보면, 기술적 움직임은 매우 비슷해 두 번의 휩소가 발생한 이후 오실레이터가 추세선을 돌파했고, 마지막으로 9월 30일에 주가가 수평 추세선을 돌파하였다.

역시 알루미늄업종인 알코아Alcoa(차트 4-13)와 비교해보자. 알코

차트 4-13 알코아와 추세 편차지표(1987~1996년)

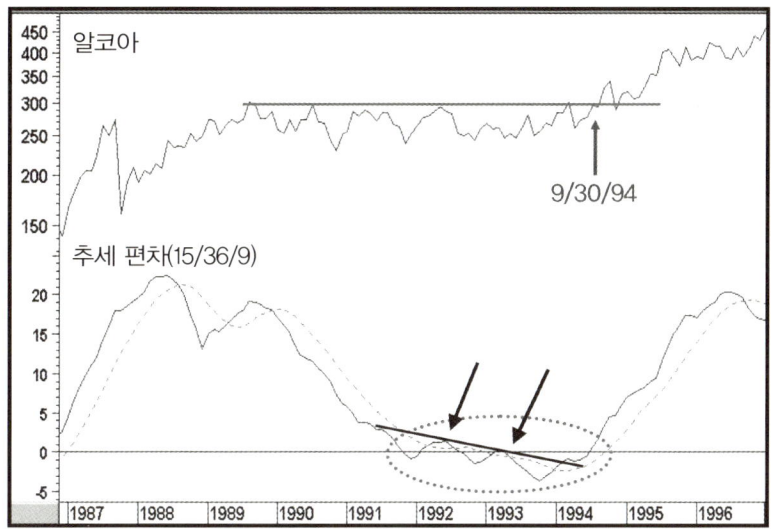

(출처: pring.com)

아 역시 횡보가 보이고 9월 30일에 추세선이 돌파되고 있다. 그러나 차트 4-14의 레이놀드 메탈Reynolds Metals은 9월 30일에 돌파 움직임이 보이지 않는다. 주가가 1994년 형성된 전고점을 갱신한 것은 사실이다. 그러나 추세선을 돌파하지는 못했다. 이후 주가가 추세선을 돌파하기는 하나, 실적은 상당히 실망스러웠다. 이에 앞서 약세를 암시하는 단서들이 있었다. 앞선 두 종목처럼 오실레이터가 이동평균을 교차하는 동시에 하락추세선 위로 올라오지만, 횡보는 없었다. 사실 레이놀즈 메탈은 업종지수 그리고 다른 두 종목과 비교했을 때 약세였다. 또한 알칸과 알코아는 주가 추세선이 수

차트 4-14 레이놀즈 메탈과 추세 편차지표(1987~1996년)

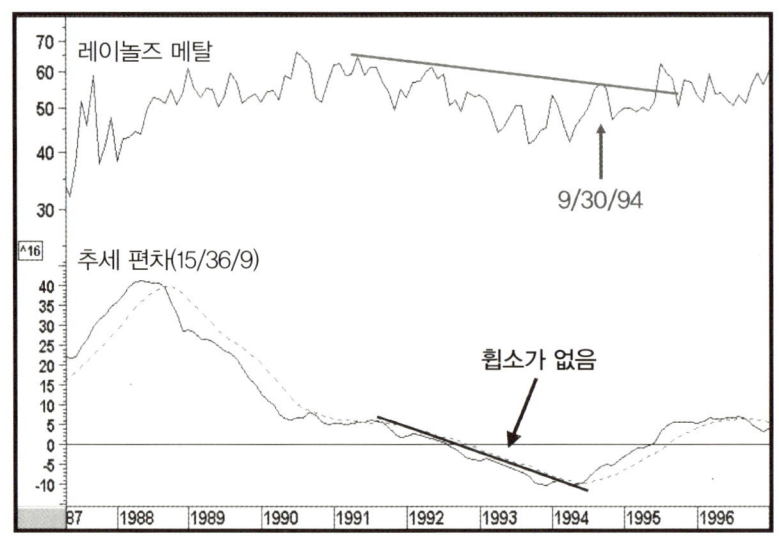

(출처: pring.com)

평이었지만, 레이놀즈의 주가 추세선은 하락하고 있었다. 처음부터 세 종목 중 레이놀즈가 가장 약세였다. 이는 상향 돌파의 거의 모든 경우에, 가장 강력한 업종에서 가장 강력한 종목을 골라야 한다는 원칙을 보여준다. 소외주를 매수하는 건 도움이 되지 않는다. 대개 뒤떨어지는 움직임에는 그만한 이유가 있기 때문이다. 사실 강세업종과 그 업종 내 선행주들은 더 강세를 보이는 경향이 있다. 약한 종목들이 따라잡을 때에라도, 투기가 난무하는 추세의 끝 무렵에야 그것이 가능하다.

How to SELECT STOCKS
Using TECHNICAL
ANALYSIS

chapter 05

새로운 오실레이터 KST

❯ 개요

장기간의 주기적 스윙을 추적하고 변곡점을 비교적 빨리 포착한다는 점에서 추세 편차는 분명 유용한 지표다. 하지만 내가 더 선호하는 오실레이터가 있는데, 바로 KST Know Sure Thing다. 이 지표는 시기성과 민감도 사이에서 타협점을 찾기 위해 내가 오래 전에 개발한 것이다. 일반적으로 타이밍이 좋은 지표는 마지막 등락지점 가까이에서 방향을 바꾼다는 장점이 있지만, 휩소가 많은 단점이 있다. 반면 휩소가 적은 지표는 방향 전환이 느려서 실용성이 떨어진다. 그렇다면 KST로 어떻게 이 둘 사이에 균형을 잡을 수 있을까? 차트 5-1을 보자. 수직선으로 표시된 부분에서 S&P지수는 주요 변곡점을 맞는다. S&P 아래에는 세 가지 변화율ROC 지표가 있다. 실제 데이터를 6개월 이동평균으로 평활 작업했기 때문에 추세가 더 뚜렷하게 보인다. 1981년 천장을 자세히 보자. S&P가 수직선 부분에서 어떻게 천장을 형성하는지 살펴보라. 그러나 바로 하락하지 않고 횡보하면서 박스권을 형성한다. 그 이유는 세 가지 오실레이터의 사이클이 각각 다르게 움직이기 때문이다. 6월은 하락하고 9월은 횡보하며, 12월은 여전히 상승하고 있다. 사실 9월

차트 5-1 S&P지수와 세 가지 지표(1979~1988년)

(출처: pring.com)

이동평균은 약세를 보이지만, 12월 지표의 상승이 이 약세를 상쇄하고 있다. 이후 두 번째 화살표에서 S&P는 좀 더 급격하게 하락한다. 여기서 세 가지 오실레이터 모두 하락한다는 점에 주목하라.

여기서 우리가 다루어야 할 기술적 원칙은, 어느 한 시점에서 주가는 몇 가지 시간 사이클의 상호작용에 의해 결정된다는 것이다. 차트 5-1에서 각 변화율은 서로 다른 시간 사이클을 반영한다. 세 가지 변화율 모두 동시에 추세전환 중이라면, 그것은 적어도 세 개의 시간 사이클이 동일하게 가고 있음을 의미한다. 일반적으로 더 많은 사이클이 한 방향으로 움직일수록 추세는 더 강력하다. 이를 동질성의 법칙이라고 한다.

차트 5-2 역시 변화율을 평활 작업한 것이다. 시간 단위는 24개월이며, 6개월 이동평균으로 작업했다. 보다시피 이 변화율지표는 시장의 장기 등락을 반영하고 있다. 화살표는 평활지표의 고점을 표시하는데, 몇 개는 S&P 고점과 거의 일치한다. 반면, 1984년과 1987년의 고점 신호의 경우에는 완전히 빗나갔다. 차트 5-3 역시 저점에서 비슷한 양상을 보인다. 1987년 저점이라는 눈에 띄는 예외가 존재하지만 대부분에서 이 신호들은 더 정확하며, 특히 1989년 고점에서는 꽤 유효한 신호가 나타났다. 따라서 평활 24개월 변화율에서 모든 스윙을 반영하는 지표를 개발한다면 유용할 것이다. 동시에 시장의 전환점에 더 근접하여 방향을 바꾸기 때문에 이것은 더욱 민감한 지표라 할 수 있다. 이 지표가 바로 KST다.

차트 5-2 S&P지수와 평활 변화율지표(1973~1991년)

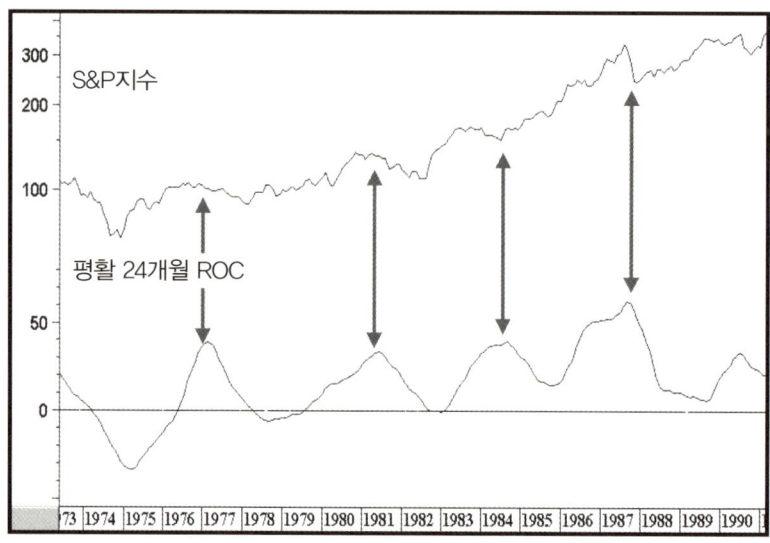

(출처: pring.com)

차트 5-3 S&P지수와 평활 변화율지표(1973~1991년)

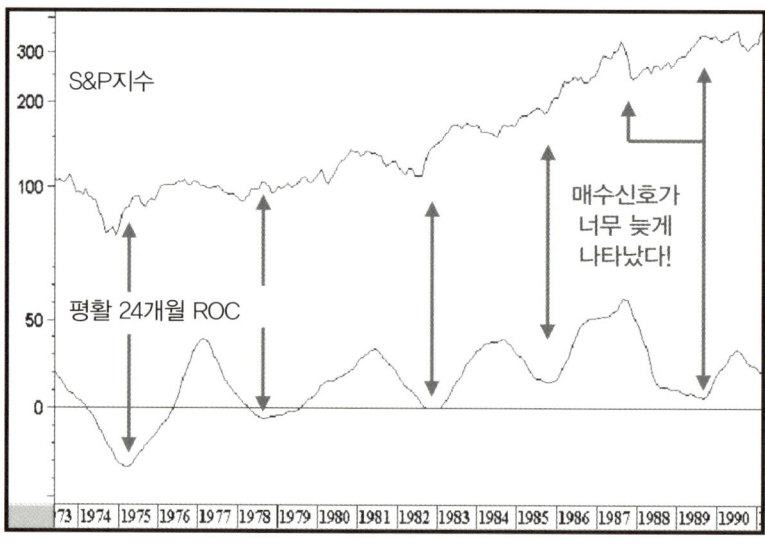

(출처: pring.com)

◆ KST와 평활 장기 모멘텀 비교

차트 5-4는 두 가지 지표를 비교하고 있는데, 가운데는 평활 24개월 변화율이며 하단은 KST다. KST가 평활 변화율이 그리는 폭 넓은 등락을 모두 반영하기는 하나, 핵심은 변곡점이 더 시의적절하다는 것이다. 수직 화살표들이 중앙에 있는 평활 변화율의 고점을 통과하고 있다. KST를 보면 거의 모든 경우에서 화살표 부분에 앞서 이미 방향을 선회했다. 다시 말하면 KST는 평활 변화율의 등락변동을 반영하지만, 방향 전환이 먼저 일어난다. 여기서 '먼저'

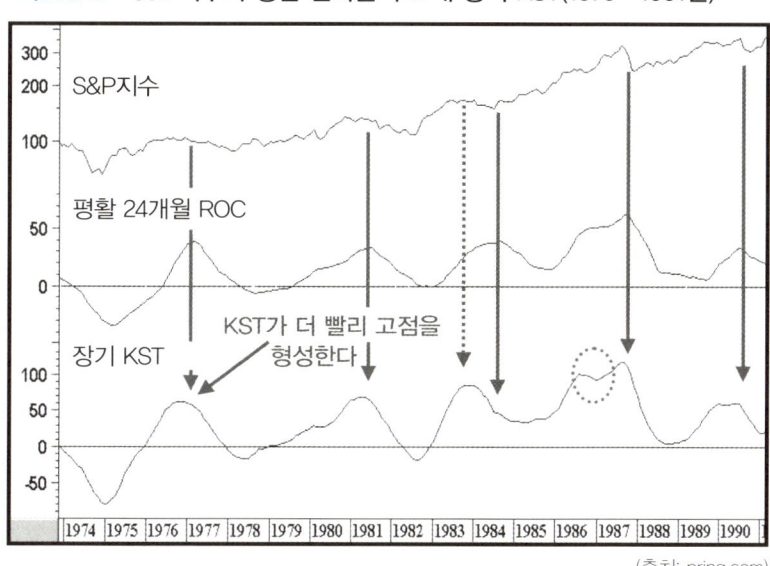

차트 5-4 S&P지수와 평활 변화율지표 대 장기 KST(1979~1991년)

(출처: pring.com)

일어난다는 사실에 주목하라. 1984년 고점에서 평활 변화율은 실패했지만, KST는 고점 가까이에서 이를 포착하고 있다. 단지 사이클마다 지체 정도가 다를 뿐이다. 공정한 평가를 위해 KST가 평활 변화율과 달리 1986년에 소폭 하락세로 돌아선다는 점을 지적하겠다. 그러나 다른 지점에서 보여준 탁월한 신호에 비하면 미미한 허점이다.

차트 5-5를 보면 일부 화살표 지점에서 S&P, 평활 변화율, KST가 모두 바닥을 형성한다. 그리고 이번에도 KST가 더 빨리 방향을 바꾼다. 특히 1988년의 신호를 보면 KST가 변화율에 훨씬 앞서 방

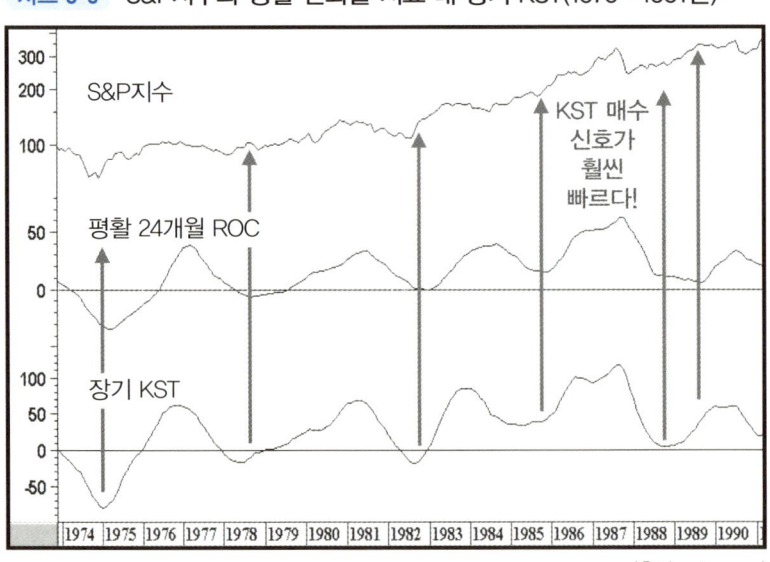

차트 5-5 S&P지수와 평활 변화율 지표 대 장기 KST(1979~1991년)

(출처: pring.com)

향을 바꾸며, 변화율은 1989년이 되어서야 방향을 선회한다. 1987년 10월 시장은 바닥을 보이지만, KST는 바닥을 형성하지 않는다. 하지만 평활 모멘텀지표 역시 바닥을 형성하지 않는다. 그렇지만 시장이 반등하며 기세 좋게 상승하기 시작할 무렵, KST 역시 상승세로 전환했다는 점이 중요하다.

KST는 보통 9개월 이동평균과 함께 그려서 교차하는 지점에서 매수와 매도 모멘텀신호를 얻는다.

표 5-1은 KST 지표를 산출하는 방법을 보여준다. 9, 12, 18, 24개월 등 네 가지 기간의 변화율지표가 있다. 9, 12, 18개월 변화율

표 5-1 KST 계산법

변화율	평활 계수	가중치	계
9개월	6	× 1	6
12개월	6	× 2	12
18개월	6	× 3	18
24개월	9	× 4	36
KST			72

(출처: pring.com)

은 6개월 이동평균으로, 24개월 변화율은 9개월 이동평균으로 평활 작업했다. 각 변화율에 가중치를 주되 24개월에 가장 큰 가중치를, 9개월에 가장 적은 가중치를 부여했다. 그런 다음 각 연산결과를 더하여 총합을 KST지표로 표시한다.

KST는 훌륭한 지표지만 결코 완벽하지는 않다. 따라서 KST^{Know Sure Thing, 확실한 것을 알라}라고 명명했다. 하지만 KST는 좋은 틀을 제공한다. 4년이라는 비즈니스 주기로 추세를 바꾸는 주식 혹은 시장에서 가장 적중률이 높다. 1960년대와 1970년대의 S&P지수를 보여주는 차트 5-6은 좋은 실례다. 한 가지 단점은 차트 5-7의 니케

차트 5-6 S&P지수와 장기 KST(1963~1979년)

(출처: pring.com)

차트 5-7 니케이와 장기 KST(1975~1992년)

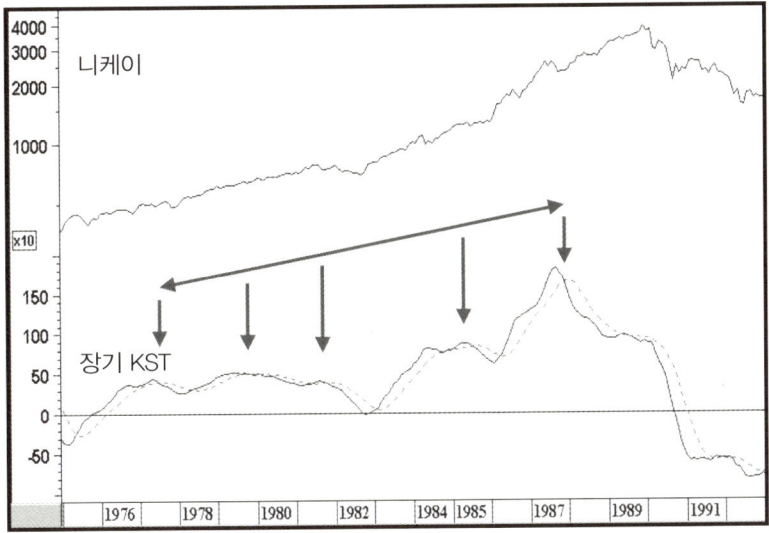

(출처: pring.com)

이 지수에서 보듯 초장기 상승추세나 하락추세 기간에는 잘 맞지 않는다. 차트에서 일부 화살표 지점을 보면 거짓 신호가 발생한다. 여기서 큰 원칙을 다시 한 번 강조하고자 한다. 모든 모멘텀신호는 **매수와 매도를 미리 앞서 알려주는 신호로 다뤄야 한다는 것이다.** 주가가 실제로 추세선 돌파, 이동평균 교차 등등의 매수나 매도신호로 응대할 때, 비로소 행동을 취해야 한다.

KST는 또한 주간 데이터를 사용하는 중기추세, 일간 데이터를 사용하는 단기추세, 일중 데이터를 사용하는 초단기추세에서만 산출할 수 있다. 공식은 표 5-1에 있다. 차후 상대강도선에서 산출한

KST 등을 포함한 이러한 지표 몇 가지를 소개하겠다. 기간을 달리한 일부 공식은 표 5-2에 담았다.

표 5-2 KST 산출공식 제안

	ROC	MA	가중치	ROC	MA	가중치	ROC	MA	가중치	ROC	MA	가중치
단기*	10	10	1	15	10	2	20	10	3	30	15	4
단기**	3¶	3	1	4	4¶	2	6	6¶	3	10	8¶	4
중기**	10	10	1	13	13	2	15	15	3	20	20	4
중기**	10	10¶	1	13	13¶	2	15	15¶	3	20	20¶	4
장기***	9	6	1	12	6	2	18	6	2	24	9	4
장기***	39	26¶	1	52	26¶	2	78	26¶	3	104	39¶	4

- 모든 KST 산출공식은 MetaStock과 Computrac Snap Module에서 산출 가능하다.
* 일간 데이터 활용
** 주간 데이터 활용
*** 월간 데이터 활용
¶ EMA(지수이동평균)

How to SELECT STOCKS Using TECHNICAL ANALYSIS

chapter 06

금융시장과 비즈니스 사이클

◎ 사이클은 규칙적인 사건의 순서에 따른다

사이클은 일정한 순서를 따른다. 앞으로 이 책에서 매수 기회를 제대로 포착하는데 막대한 영향을 미치는 업종 순환 과정group rotation process에 대해 자주 언급하게 될 것이다. 그러나 업종 순환 과정에 관해 논의하기 전에 비즈니스 사이클에 대한 몇 가지 사항부터 짚고 넘어가야겠다. 왜냐하면 시장을 주도하는 사이클은 이자율 추세, 상품가격 추세, 그리고 이자율과 상품가격에 민감한 업종의 추세에 막대한 영향을 끼치기 때문이다.

1940년대(1940년대는 경기지표가 널리 발표되기 시작한 시기다)로 거슬러 올라가 경제지표를 살펴보면, 비즈니스 사이클은 연대기적 사건들이 보이는 일련의 순서를 따른다. 1년에 사계절이 있듯 비즈니스 사이클 역시 마찬가지다. 비즈니스 사이클이 무작위로 아무렇게나 움직이는 것이 아니라 어떤 질서를 갖고 움직인다는 것은 매우 귀중한 정보다. 지금이 1년 중 어느 계절에 속하는지 알면 이후를 예측할 만한 좋은 아이디어를 낼 수 있다. 비즈니스 사이클 역시 마찬가지다. 이 사이클이 현재 어느 위치쯤에 있는지 안다면, 앞으로 시장이 어떤 양상을 보일지, 또 시장에서 어떤 일이 벌어질지 짐작할 수 있다. 흥미로운 사실은, 채권, 주식, 상품시장의 전환점들도 이런 일련의 질서 있는 움직임을 따른다는 것이며, 사이클을 알면 종목을 고르는 데 유리하다. 수많은 주식의 주가는 이자율과 상품가격의 변화에 좌우되므로, 이런 일련의 연결고리를 알면 종목 선정에 정말 큰 도움이 된다.

이 개념을 다른 각도에서 살펴볼 수도 있다. 이를테면 정원사가 지금이 겨울이라는 것을 안다고 하자. 그렇다면 씨를 뿌려도 소용없다는 것을 확실히 안다. 반면 씨를 뿌리기 좋은 계절은 봄이다. 종목 선정도 마찬가지다. 비즈니스 사이클에도 계절이 있어 어떤 계절에는 유틸리티주 같은 방어주 defensive stock * 가 실적이 좋고, 어

＊ 시장이 전반적으로 하락세에 있을 때도 일정 가격 수준을 유지하는 종목 - 옮긴이

떤 계절에는 광업이나 에너지 등 상품 견인종목commodity-driven stock에 투자하는 것이 이득이기 때문이다.

❯ 비즈니스 사이클의 순서

미국 상무부는 매월 세 가지 중요한 경제지표를 발표한다. 선행, 동행, 그리고 후행지표이다. 지금은 비영리 경제예측단체인 컨퍼런스보드Conference Board, 미국의 대표적인 경제조사기관의 지원으로 제공된다. 차트 6-1은 이 세 가지 지표를 KST 오실레이터로 나타낸 것이다. 이 지표의 이름을 보면 각각 무엇을 측정하는 지표인지 알 수 있는데, 바로 경제의 주도업종, 동행업종, 후행업종이다. 대개 경제 성장 혹은 위축이라고 하면 전체 경기가 성장하거나 위축되는 것을 생각하지만, 실상은 전혀 그렇지 않다. **경제는 흔히 다른 방향으로 움직이는 수많은 다른 업종들로 구성된다.** 일부 업종은 다른 업종보다 앞서 움직이며, 이런 업종을 선행업종이라고 한다. 주택, 소비재부문 등이 여기에 속한다. 대체로 경기와 발을 맞추는 설비 가동률, 산업 생산 같은 업종이 동행업종이다. 마지막으로 기간산업, 자본지출, 광업 등 자본 집약적인 업종이 후행업종에 속한다. 따라서 경제란 어느 한 시점에 발달 단계가 다른 모든 개별 사이클들의 종합을 가리키는 포괄적인 용어다. 나는 가끔 기차역 플랫폼에 서 있는 사람을 떠올린다. 이 기차는 다음 역으로 가지 않고 순환

한다. 따라서 이 기차를 타면 계속 제자리로 돌아오게 된다. 기차는 미리 정한 순서대로 배열되는데, 엔진이 가장 앞에 있고 그 뒤에 일등석과 식당 칸이 있으며, 이어서 이등석, 마지막으로 승무원 실이 있다. 플랫폼에 서 있으며 누구나 알 수 있다. 엔진이 지나가면 일등석이 오고 그다음에 식당 칸이 온다는 것과, 승무원 실을 지나가면 엔진이 다시 나타나면서 새로운 사이클이 시작된다는 것을 알 수 있다. 일정한 순서를 따라 움직인다는 점에서는 경제도 마찬가지다. 경기 전체를 움직이는 엔진은 유동성 유입 즉, 시스템에 자본을 투입하는 것이다. 이러한 움직임은 경기침체기와 이자율이 낮을 때 발생하며, 이자율이 낮으면 사람들은 주택 같은 거액 상품을 구매한다. 집을 사면 가구를 들여야 하므로 다음 단계로 제조업이 회복되고 상품 판매가 증가한다. 경제가 기차와 다른 점은 선행하는 것과 후행하는 것이 사이클마다 달라진다는 것이다. 더욱이 종종 순서 자체가 달라지기도 한다. 반면 기차 칸은 항상 표준 크기이며, 누군가 실수를 하지 않는 한 같은 순서로 나타난다.

    차트 6-1을 보면 이런 일련의 움직임을 볼 수 있다. 화살표는 평활 모멘텀지표의 고점과 저점을 가리키고 있다. 보다시피 화살표는 오른쪽으로 기울어져 있다. 가장 먼저 고점에 도달하는 것은 선행지수이며, 이어서 동행지수가 뒤따른다. 후행지수가 가장 마지막에 온다. 20세기 후반을 보여주는 차트 6-2도 일정한 순서를 보인다. 마지막 몇 개의 저점에서 화살표의 방향이 이상해짐을 볼 수 있다. 하단에 있는 후행지수가 동행지수보다 선행하기 때문이다.

차트 6-1   선행, 동행, 후행지표 모멘텀(1965~1989년 S&P)

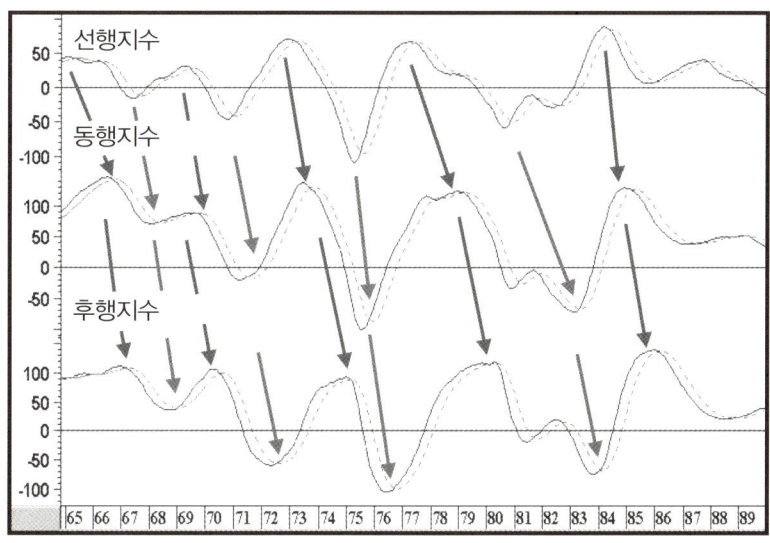

(출처: pring.com)

차트 6-2   선행, 동행, 후행지표 모멘텀(1969~2001년 S&P)

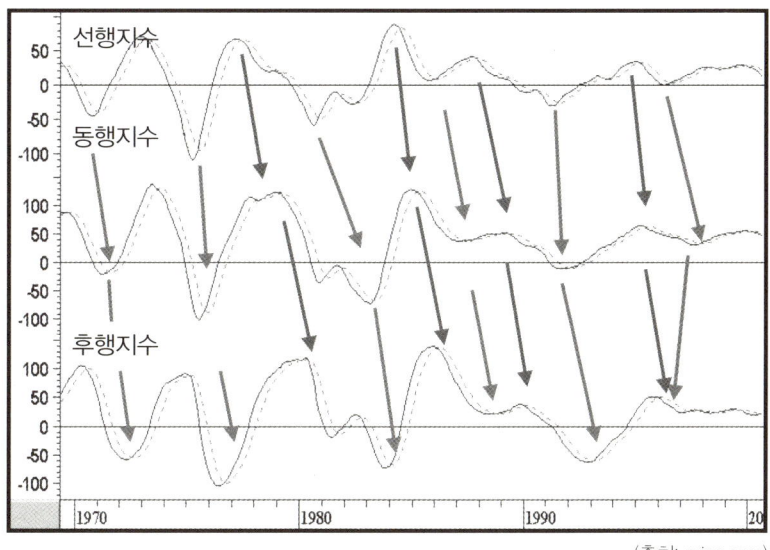

(출처: pring.com)

앞에서도 밝혔듯이 모든 순서가 예측대로 움직이지는 않으며, 선행, 후행 그리고 수많은 등락이 사이클마다 다르다는 점을 다시 확인할 수 있다.

차트 6-3에서처럼 여러 가지 지표를 함께 보면 이 사실이 더욱 분명하게 드러난다. 가장 상단에는 상품가격 요인을 제거한 M2*, 그 아래에 역 단기이자율, 신규 주택 건설, 상품이 이어지고 맨 하단에 후행지수가 온다. 실질 총통화와 단기 금융시장 이자율은 금융지표들이다. 이 지표들을 보면 어떤 비즈니스 사이클이든 경기가 확장하려면 실질 화폐 증가와 현금성 자산의 가격 상승이 전제되어야 한다는 것을 알 수 있다. 신규 주택 건설은 이자율에 극도로 민감하며, 경기가 회복될 때 가장 먼저 반응하는 실물경기지표다. 본격적으로 경기가 팽창하면 다른 부문들도 회복된다. 이번에도 저점들을 연결하는 화살표는 오른쪽으로 기울며, 고점들 역시 연결할 수 있다. 1960년대 초반, 실질 화폐에 앞서 기업어음 수익률이 먼저 고점을 형성했다. 따라서 순서를 벗어나는 일탈이 흔하지는 않으나 종종 일어난다는 사실을 알 수 있다. 이 경우 M2와 신규 주택 건설을 잇는 화살표를 그릴 수 있다. 그때 이자율을 제외하고는 순서가 유효하다. 차트에 지표를 많이 그려 넣을수록 순서 일탈이 더욱 많이 나타난다. 하지만 다른 지표의 위치들로 상호 점

---

* 총통화, 금융기관 이외의 민간부문이 보유하는 통화량인 M1에 각 금융 기관의 정기 예금을 합친 화폐 공급량

차트 6-3 금융과 경제지표 모멘텀(1960~1972년)

(출처: pring.com)

검하면 되므로 큰 문제는 아니다.

나머지 화살표를 보면 다른 고점과 저점들은 서로 보조를 맞추어 움직인다. 하지만 언제나 이렇게 간단하지는 않다는 것을 밝혀둔다. 이를테면 1990년대 말은 그러했다. 그러나 대체로 비즈니스 사이클은 연대순을 따른다. 물론 차트에 더 많은 지표를 도입할 수는 있지만, 그렇게 하면 분석하기에 너무 복잡해진다. 사실 지표 5개도 좀 많다고 볼 수 있다.

이 시점에서 두 가지 요점을 짚어보자.

1. 비즈니스 사이클에는 시간의 흐름에 따라 순서대로 이어지

는 일정한 질서가 있다.

2. 서로 다른 경제 부문이 확장하고 수축하면서 수익에 영향을 미치고, 따라서 특정 업종의 주가 실적에도 영향을 미친다. 사실 비즈니스 사이클의 규칙적인 진행 때문에 주식시장에서 업종 순환이 일어난다.

금융시장과 비즈니스 사이클

그림 6-1은 경제의 발전 양상을 부드러운 곡선으로 표시한 것이다. 아마 지금쯤은 경제가 단일하지 않고 다양한 부문으로 구성된다는 것을 알았으리라 생각한다. 그렇다면 그림 6-1에 보이는 이 곡선은 무엇일까? 이것은 경제에서 동행지표를 대신한다. 따라서 경제 요소들은 이 곡선보다 먼저 움직이며, 다른 부문은 이 곡선보다 늦게 움직인다.

이 그림에서 수평선은 균형 수준equilibrium level으로, 성장도 위축도 없는 지점이다. 곡선이 이 지점 위로 올라오면 경제는 점점 더 빠른 속도로 확장하다가 정점에 다다른 후 하락한다. A에서 경제는 최고 속도로 성장하다 이후 하향 곡선을 그린다. 성장세는 계속되지만 속도가 점차 느려지다가 마침내 확장도 위축도 없는 균형 수준으로 떨어진다.

이후 곡선이 균형 수준 아래로 떨어지면 경기가 위축되기 시작

그림 6-1 이상적인 비즈니스 사이클

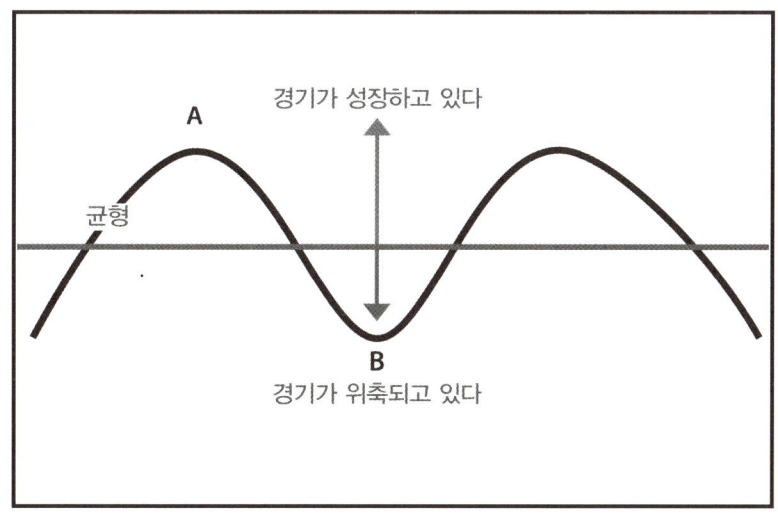

하며, 산업 활동은 점점 더 빠른 속도로 하락한다. B에서 경기 위축은 가장 빠른 속도로 일어나며, 이후 다시 곡선은 반등하기 시작한다. 산업 활동은 여전히 위축되고 있지만 그 속도는 점차 느려져 균형 수준까지 치고 올라가며, 경기 회복세가 다시 시작된다.

이제 이 비즈니스 사이클과 앞서 배운 시간순서를 활용해 중요한 두 가지 개념을 설명해보자. 첫째, 채권, 주식, 상품시장이 이러한 순서와 어떻게 부합하는지 알아보자. 둘째, 이를 바탕으로 업종 순환 과정을 이해하고, 최종 목표인 개별 종목 선정을 위한 최적화 과정을 수립하자.

지난 200년 동안 금융시장의 역사를 되돌아보면 채권, 주식, 상품의 주요 변곡점은 비즈니스 사이클이 진행되는 기간 동안 대부분 일정한 시간순서를 보여 왔다. 채권시장이 바닥을 벗어나면(이자율 최고점) 그 다음 주식이 바닥을 치고 올라오며, 마지막으로 상품가격이 바닥을 벗어난다. 채권가격이 천장을 형성하면(이자율 바닥), 그 다음으로 주식이, 마지막으로 상품가격이 천장을 형성한다. 그림 6-2는 이런 이상적인 순서를 보여준다. 역사적으로 보면 이런 순서가 일관되게 나타나지만, 예외가 존재한다. 이를테면 1929년, 상품이 채권에 앞서 천장을 형성하는 경우를 들 수 있다. 1989년에는 이자율이 고점을 형성하고 주식이 이를 뒤따른 예도 있었다. 그러나 대체로 이런 일탈은 규칙이라기보다 예외에 가깝

그림 6-2 이상적인 금융시장의 고점과 저점

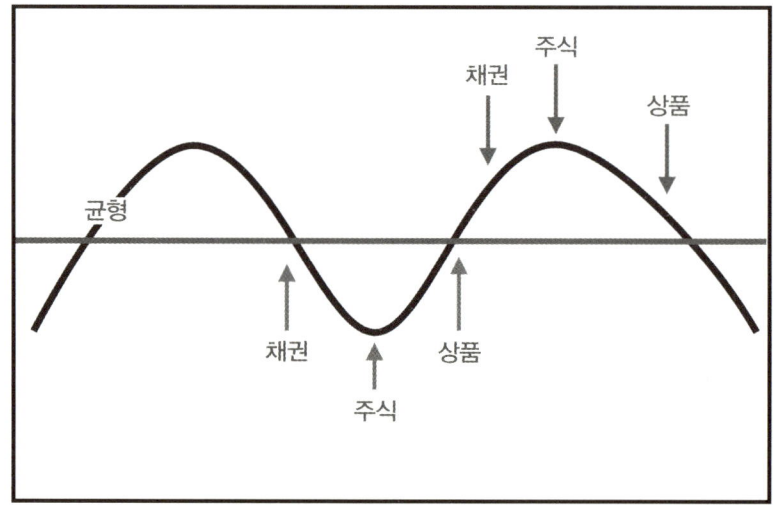

다고 보아야 한다.

여기 두 가지 변수가 있다. 첫째, 채권, 주식, 상품시장의 강세와 약세 정도는 사이클마다 다르다. 둘째, 고점과 저점 사이의 선행업종과 후행업종도 다르다. 차트 6-4는 단기 금융시장의 이자율(역 단기 이자율)과 S&P지수를 비교한 것이다. 단기 금융시장의 이자율이 주가에 더 강력하고도 직접적인 영향을 미치므로, 채권 대신 이를 채택했다. 1966년 단기 금융시장의 이자율과 S&P 모두 거의 동시에 바닥을 다졌다. 1969년에는 단기 금융시장의 이자율이 훨씬 앞서 천장을 형성했고, 주식시장은 약 1.5년 뒤에야 이를 따라갔다.

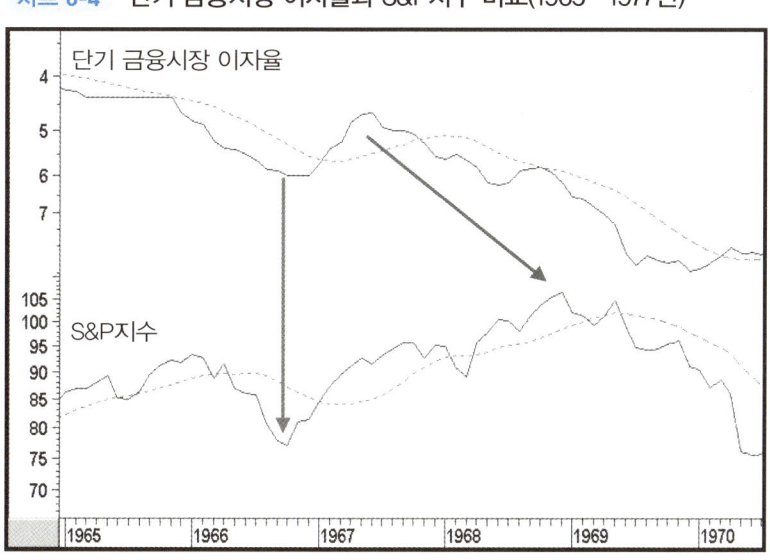

차트 6-4 단기 금융시장 이자율과 S&P지수 비교(1965~1977년)

(출처: pring.com)

차트 6-5를 보자. 1980년 단기 금융시장 이자율과 S&P지수가 각각 천장에 도달한 시차는 불과 몇 개월이지만, 두 시장이 바닥을 다진 간격은 거의 1년이다. 일반적으로 단기 금융시장과 주가의 바닥 형성 간격이 더 길수록 주식시장은 더 큰 폭으로 반등한다. 주식시장이 지표에 대응하는데 실패했다는 것은, 더 길고 깊은 침체를 의미하기 때문이다. 침체기에 기업들은 비용을 절감하고 손익 분기를 낮춘다. 이후 경기가 호전되면 수익에 어마어마한 긍정적인 요소로 작용하므로, 그에 따라서 주식도 반응한다.

이런 순환 규칙을 알고 비즈니스 사이클의 국면을 어림으로라

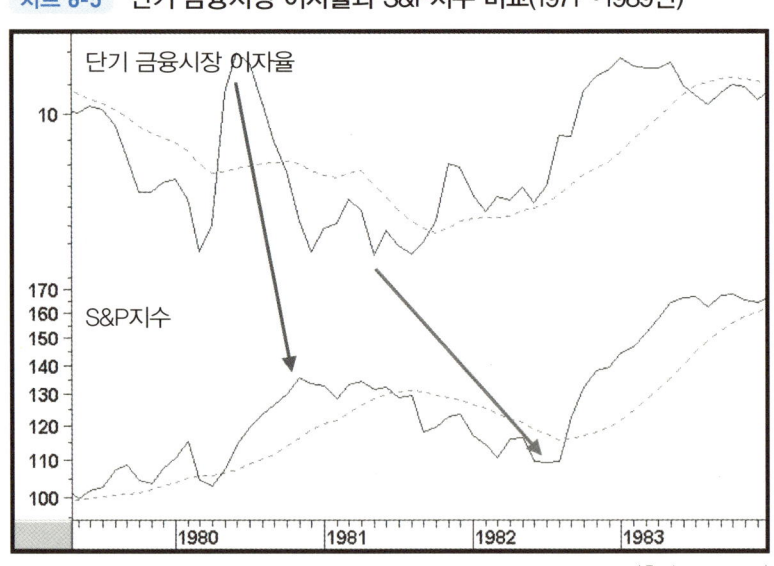

차트 6-5 단기 금융시장 이자율과 S&P지수 비교(1971~1989년)

(출처: pring.com)

도 파악할 수 있다면, 종목 선정은 크게 달라진다. 특히 개별 종목과 업종이 비즈니스 사이클 변화에 민감하다면 말할 것도 없다. 이를테면 경기침체기라는 것을 확신한다면, 대체로 채권이나 전력회사와 같은 채권형 주식을 매수하는 것이 안전하다. 주식과 상품이 약세장에 있다는 것이 확증되었을 때는 더욱 그러하다. 사실 이러한 금융시장의 변곡점 진행 과정은 더욱 효과적인 투자전략을 짜는 토대가 된다.

  이런 관계와 함축적 의미에 대해서는 다음 장에서 검토하겠다. 우선 이런 순서가 생기는 과정과 원인 그리고 비즈니스 사이클이 시장 움직임에 미치는 영향을 살펴보자.

How to SELECT STOCKS
Using TECHNICAL
ANALYSIS

chapter 07

채권, 주식, 상품 변곡점의 연대기

❷ 개요

그림 7-1은 비즈니스 사이클을 중심으로 채권, 주식, 상품의 연대기적 순서가 어떻게 회전하고 있는지를 보여준다. 각 금융시장의 변곡점에 대하여 이제부터 간략하게 설명하겠다.

❷ 이자율이 최고점에 이르다

그림 7-1　이상적인 금융시장의 고점과 저점

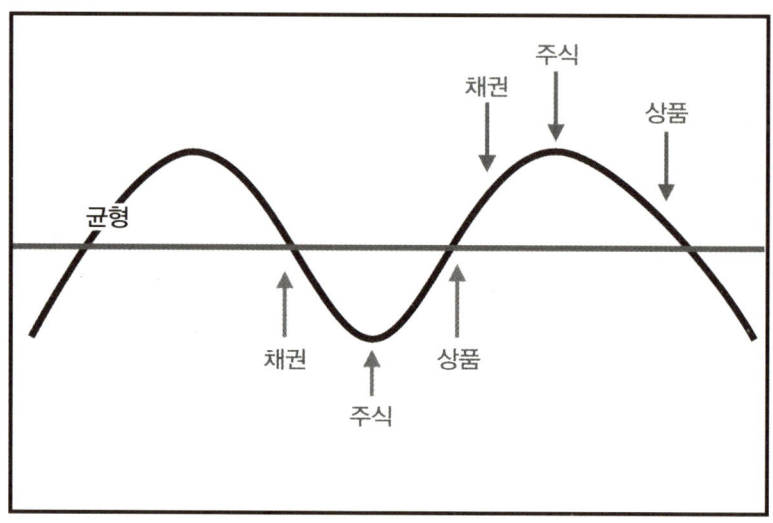

채권가격이 바닥을 벗어나고 이자율이 천장을 치면서 사이클이 시작된다. 이자율은 신용가격이며, 다른 가격과 마찬가지로 수요와 공급의 상호작용으로 결정된다. 이자율의 상승추세가 하락추세로 반전되면, 그에 앞서 공급 균형에 기본적인 변화가 생겨야 한다. 경제가 침체국면에 돌입한 뒤에는 거의 항상 이런 현상이 나타난다.

신용수요가 감소하다

경기가 침체되면 기업과 소비자 모두 긴축 재정에 돌입하므로 신용수요가 줄어든다. 대출수요는 대체로 경기침체기의 2~3개월에서 정점을 이룬다. 따라서 경기가 위축되기 시작하자마자 신용 성장이 극치에 달한다고 예측하면 된다. 그러나 일반적으로 이렇게 되지는 않는데, 사이클의 이 단계에서는 기업들이 대체로 자금 압박에 시달리기 때문이다. 그림 7-2를 보면 이러한 작용에 대하여 잘 나타나 있다. 경기 회복기에 판매(점선)는 계속 증가하며, 재고(계단형 실선)도 보조를 맞추어 증가한다. 그러다가 A에 이르자 판매가 급락하기 시작한다. 따라서 업계는 재고 납품을 즉각 중단한다. 그러나 판매가 하락하면 재고가 쌓이기 마련이다. 결국 재고 증가로 인한 운전자금의 수요를 충당할 만큼 수익이 빨리 들어오지 않게 되면서 자금 흐름은 점차 적자로 돌아선다. 많은 기업

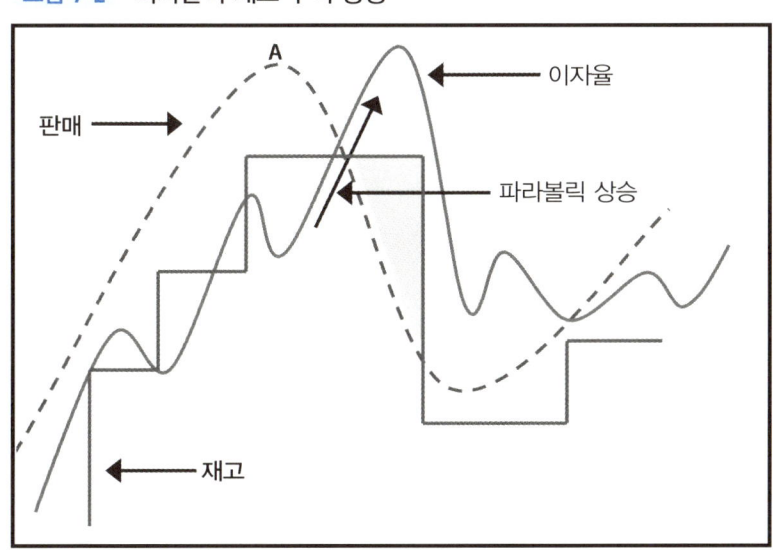

그림 7-2　비자발적 재고 누적 양상

들이 단기 대출로 적자를 메우려 하므로, 일시적으로 기업의 대출 수요가 몰린다. 사이클의 끝 무렵에 이자율이 상승 곡선을 그리는 것도 바로 이 때문이다. 비자발적 재고의 누적involuntary inventory accumulation이라 부르는 이 과정은 대체로 6주가량 지속된다. 이는 기업 마진 콜과 흡사하다. 마진 콜 부담이 커질 때마다 가격은 급등하고, 이러한 기업 마진 콜은 이자율이 전형적으로 스파이크 형태로 끝나는 주요 원인 중 하나로 작용한다.

통화공급이 증가하다

연방준비위원회(이하 연준위)는 공급 측면에 있어서 핵심 역할을 담당한다. 중앙은행은 인플레이션 또는 경기침체와 번갈아가며 지속적으로 싸워야 한다. 경기에 적신호가 켜지면 인플레이션에 맞서 싸우던 연준위는 이제 실업 문제와 싸우게 된다. 사실 이렇게 하면 긴축에서 긴축완화 정책으로 전환된다. 경제지표가 모두 발표되고 분석되기까지는 시간이 걸리므로, 연준위가 움직이려면 시간이 지체되기 마련이다. 중앙은행 역시 정책을 자주 바꾸지 않는다. 따라서 정책을 바꿀 때면 정책을 계속 뒤집어서 우유부단하다는 인상을 주지 않으려고 고심한다.

연준위는 경기침체가 심각하다고 판단하면 재무부 증권Treasury Bill을 사들여서 유동성(현금)을 늘이기 시작한다(공개시장 정책으로 알려짐). 은행의 지불준비금 인하 같은 다른 정책과 함께 이것은 신용공급을 증가시키는 효과를 낳는다. 신용공급이 증가하면 연방

자금금리federal funds rate, 연방자금의 대출에 적용되는 금리가 하락하고, 뒤이어 할인율이 하락한다. 여기서 명심할 것은, 연준위가 공급 측면에 영향을 미쳐 당장에는 단기 이자율 추세를 직접 통제할 수 있다는 사실이다. 그것은 마지막에 채권수익률에 간접적으로 영향을 미칠 뿐인데, 수익률을 좌지우지하는 것은 시장의 특권이기 때문이다. 시장 참여자들이 통화 완화 정책이 너무 단순해서 후에 인플레이션이 올 수 있다고 생각하면, 채권수익률은 단기 이자율보다 비교적 높게 유지된다. 또한, 시장 참여자들이 연준위의 정책이 통화 긴축으로 기울었다고 생각하면, 단기 이자율은 채권수익률보다 비교적 높게 유지된다. 사실 단기 이자율이 장기 이자율보다 떨어지면 투자자들은 장기적 관점에서 포트폴리오를 운용하는 경향이 있다. 이 정도는 연준위의 권한 안에 있다. 그러나 투자자들이 인플레 압력의 부활과 채권가격 하락에 대한 위험이 크다고 생각하면, 상대적으로 장기적인 전망이 가져다주는 장점은 무시하고 단기 증권의 안전함을 선호하게 된다.

◆ 주식이 바닥을 치다

일단 이자율이 고점에 도달하면(채권가격은 바닥에 있다), 주식 역시 저점을 찍는 건 시간문제다. 주식시장 참여자들이 이자율이 충분히 하락해서 회복세가 임박했다고 판단할 때, 이런 현상이 발생한다. 그러면 상승 기대감으로 주식 매집이 일어난다. 경기침체가 극심하면 기업들은 공격적으로 비용을 절감하고 손익분기 수준을 낮춘다. 그 결과 주가는 대체로 큰 폭으로 상승하며, 주식시장에서 최초의 반등이 폭발적으로 일어날 수 있다.

최초의 반등이 평균 이상일지 평균 이하일지는 채권가격이 저점을 찍는 시기와 주가가 저점을 찍는 시기 사이의 시차를 통해 알 수 있다. 일반적으로 시차가 길수록 경기침체의 강도가 세고 지속 기간도 길다. 이를테면 1877년에는 시차가 4년이었는데 주가는 2배 폭등했다. 1920년과 1982년에는 채권가격의 저점과 주가 저점 사이의 시차가 약 1년이었는데, 주식시장의 강세가 평균보다 훨씬 길게 지속되었다.

다음은 너무나 중요한 내용이므로 제대로 이해해야 한다. **주요 주식시장의 바닥이 오기 전에는 반드시 악재가 먼저 발생한다는 사실**이다. 여기서 주요 바닥이란, 적어도 1년의 하락세 뒤에 형성된 경우를 말한다. 차트 7-1은 S&P지수와 동행지표의 추세 편차를 비교한 것이다. 화살표들은 1957~1975년 사이에 나타난 주식시장의 바닥을 가리킨다. 경기가 가장 위축된 시기와 근접하게 주식시장은 바닥을 형성한다. 1962년과 1966년 주식시장이 바닥(점선 화살표)을 형성할 때는 경기침체기가 아니었고, 바닥이 형성되기 전 하락세가 지속된 기간도 1년이 채 못 된다. 차트 7-2 역시 20세기 S&P지수와 동행지표를 비교한다. 세 개의 실선 화살표는 모두 경기침체기와 일치한다. 그러나 1982~2000년 사이의 저점은 경기

차트 7-1 S&P지수와 동행지표의 추세 편차지표 비교(1956~1980년)

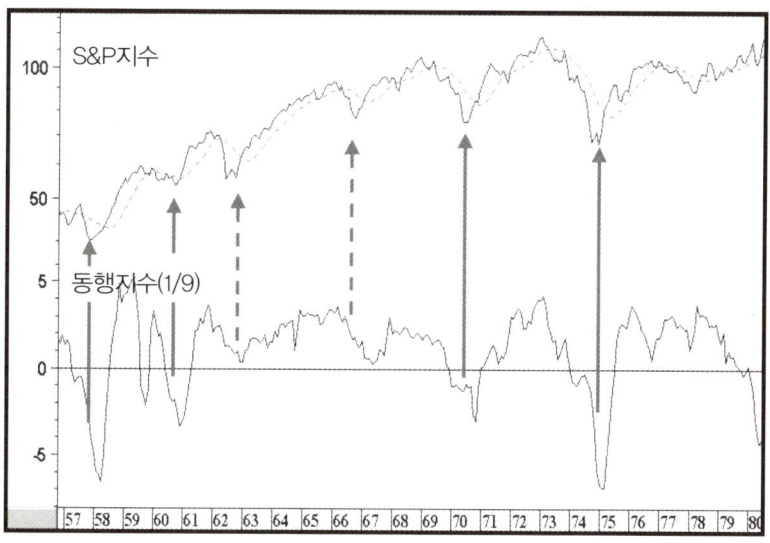

(출처: pring.com)

차트 7-2 S&P지수와 동행지표의 추세 편차지표 비교(1978~2000년)

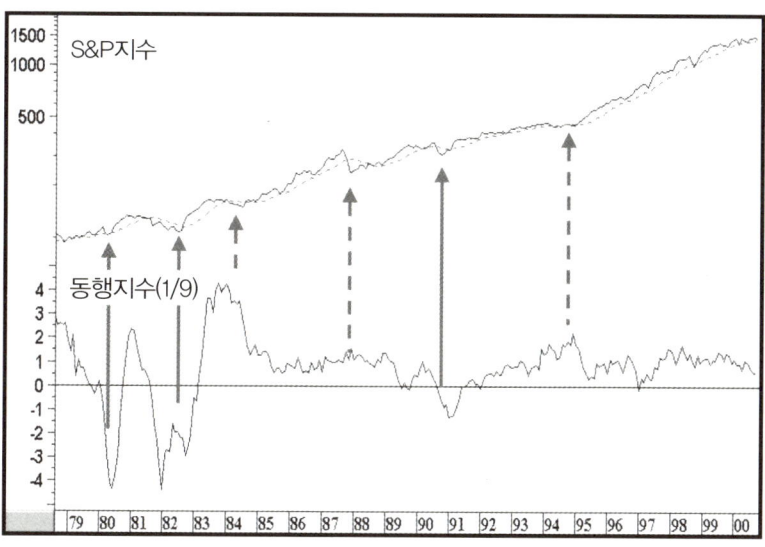

(출처: pring.com)

제7장 채권, 주식, 상품 변곡점의 연대기

위축기에 형성되지 않았으며, 바닥이 형성되기 이전의 하락세 지속도 1년에 못 미쳤다. 1984년의 바닥은 더블 사이클 성장률 둔화 double-cycle growth recession*와 일치한다.

　1987년은 비즈니스 사이클과 관계없이 극심한 기술적 조정을 겪었고, 1994년 말의 저점은 다시 더블 사이클 성장률 둔화의 바닥을 보여준다. 1990년대는 매우 극심한 하락으로 보이는 지점이 없는데, 1990년 이후로는 경기침체가 없었기 때문이다.

◈ 상품이 바닥을 치다

　다시 세 가지 시장의 비즈니스 사이클로 돌아가 보면, 채권과 주식은 모두 오르고 있지만 상품시장은 여전히 약세다. 경기가 회복기에 접어들고 수개월이 지나서야 상품시장은 바닥을 친다. 통상적으로 사인곡선이 침체, 활황선 위로 올라온 뒤에야 상품 시장은 바닥을 친다. 때때로 침체기의 마지막 국면에 실질 가격이 바닥을 치기도 하지만, 그런 경우에도 상품시장은 등락폭이 큰 박스권에 머물며 경기회복기에 접어든 이후에야 의미 있는 반등을 시작한다. 경기침체기 초기의 상품시장의 바닥은 앞서 이례적인 상품 호황으로 경기가 회복된 다음에 나타난다. 이런 환경에서 개인

＊ 이 용어는 차후 '더블 사이클(Double Cycle)'에서 다시 논하겠다.

과 기업 모두 호황에서 현금을 벌어들이려고 하므로 상품가격의 마지막 고점은 투기성 거품 아래에서 형성된다. 차트 7-3을 예로 들어보자. 이 책에서 사용된 상품지수는 CRB 현물원자재지수CRB Spot Raw Material Index다. 대중적인 지표는 CRB 종합지수이지만, CRB 현물원자재지수는 비즈니스 사이클 환경의 변화에 수요가 민감하게 반응하는 상품들로만 구축되므로 이 지표를 선택했다. 반면, CRB 종합지수에는 곡물처럼 날씨에 민감한 상품이 많이 포함된다. CRB 현물원자재지수는 핵심 상품인 석유가 빠지므로 결코 완벽한 지표는 아니다. 그러나 이 지수는 채권수익률과 상관관계가

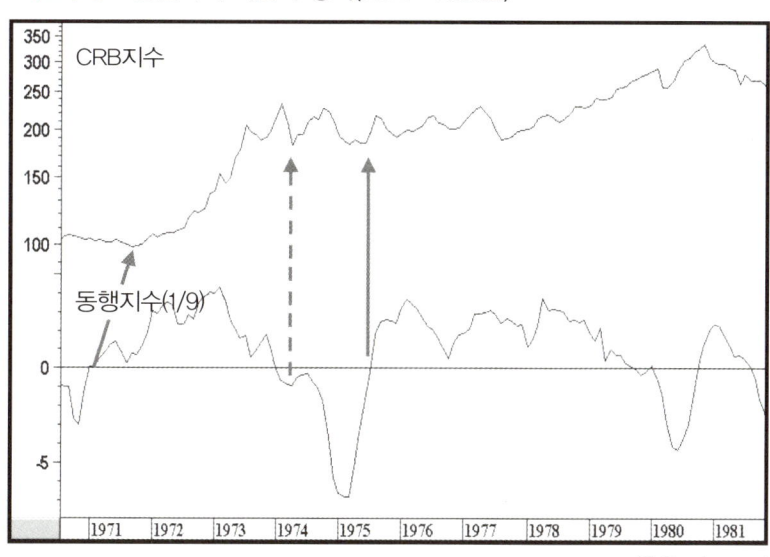

차트 7-3 　상품가격 저점과 경기(1970~1981년)

(출처: pring.com)

뚜렷하고 경제활동의 변화를 충분히 반영한다. CRB 현물원자재지수는 1971~1974년 사이에 큰 폭으로 상승했다가 경기침체기가 막 시작된 1974년 초에 바닥을 쳤다. 이 경우에 동행지표 모멘텀이 0 아래로 떨어지면서 경제활동이 위축되었음을 보여준다. 1975년에 경기회복이 진행되고 나서야 CRB 현물원자재지수는 다시 바닥을 찍고 다음 고점을 향해 서서히 상승을 시작했다. 1974~1975년 사이에는 실질적인 상승이 없었다. 1974년의 저점은 앞선 바닥에서 투기가 만연했고, 가격이 떨어지자 마진콜의 큰 파동 때문에 투기자들이 가격에 상관없이 투매해야 했기 때문이다. 따라서 상품이 경제적 가치보다 훨씬 낮은 가격에 현금화되었다. 일시적 과잉공급은 단시간에 조정되었고, 1974년 중반에 가격은 다시 반등했다. 그러나 경제가 회복되어 상품수요가 상당 수준 증가하기 전까지 가격의 실질적인 상승은 없었다.

이러한 1974년의 특이한 동향은 1971년과 비교할 수 있다. 1971년 회복세가 완연해지고서야 상품가격은 바닥을 쳤다. 동행지표가 0 위로 올라오는 지점과 1971년 말 상품가격의 바닥을 연결한 화살표가 오른쪽으로 기울어진 것이 이 현상을 시각적으로 잘 보여준다.

채권가격 고점 이제 세 개의 시장 모두가 상승추세다. 그러나 아무리 흥겨운 잔치도 끝이 있는 법이고 이번도 예외는 아니다. 이자율 하락이 급격히 마무리되면서 잔치도 끝났다. 점차 경기지표가 호전되자 회복세도 자리를 잡아 나갔다. 중앙은행은 경기침체기와 맞서 싸우던 역할을 던져 버리는데, 이 단계의 통화정책은 곧바로 긴축재정으로 넘어가지는 않지만 중립적인 쪽으로 움직인다. 동시에 기업과 소비자는 경기회복을 확신하고 더 많은 부채를 기꺼이 떠안는다. 신용공급이 수요만큼 확대되지 않고 신용수요는 증가하면서, 이자율(신용가격)은 바닥을 친다. 이자율은 바닥에서는 흔히 서서히 움직이므로, 이 모양을 그림으로 그리면 마치 접시처럼 완만한 곡선으로 나타난다. 그러나 천장에서는 앞 다투어 대출을 받고자 열을 올리는데, 이것이 비자발적 재고의 누적국면

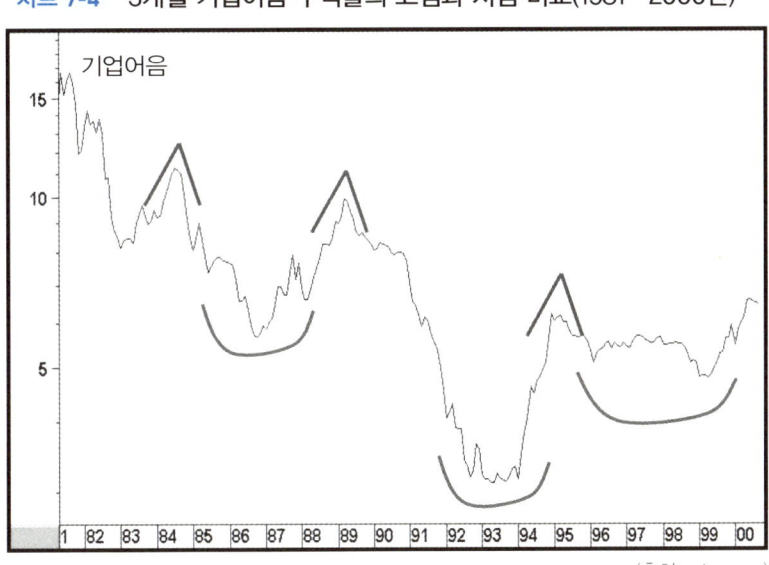

차트 7-4 3개월 기업어음 수익률의 고점과 저점 비교(1981~2000년)

(출처: pring.com)

에서 나타나는 특징이다. 따라서 경사가 급한 곡선을 보인다. 차트 7-4는 디플레이션으로 인한 1990년대의 이자율 추이를 보여준다. 이 시기에 바닥은 완만한 곡선을 보이는 반면 천장은 쐐기 모양을 보인다. 인플레이션이 일어난 1970년대와 1980년대에는 이자율 정점이 여기에 보이는 모양보다 더 극적으로 나타났다.

사이클의 이 국면에서는 이자율이 완만하게 상승하는데, 이는 고정적이고 통제된 듯 보이나 분명 기업 조건들은 나아지고 있으며, 주식시장에 악영향을 미치지 않는다. 그 이유는 주식 투자자들이 기업 수익에 집중하고 있기 때문이다. 시중에 기업 수익이 이자율보다 빠른 속도로 증가하고 이자율이 경기회복에 위협이 되지 않는다고 판단하고 예측하는 한, 주식시장은 계속 상승한다.

주식시장 고점 하지만 어느 순간에 이르면 이자율 상승이 경제에 부담으로 작용하게 되며, 경기침체를 예측한 주식시장 참여자들은 이전에 주식을 매수할 때와 비슷한 양상으로 매도하기 시작한다. 주가가 하락해도 아직은 제조업과 노동시장 생산력의 초과분을 소진하면서 경제는 확장해나간다. 그 결과 상품수요는 공급을 초과한다. 이렇게 되면 자유시장 메커니즘을 통해 가격이 상승하며, 그만큼 공급도 늘어난다.

차트 7-5는 주식시장과 경제의 관계를 보여주는데, 경제는 앞에서 보았던 동행지표의 9개월 이동평균 편차로 나타냈다. 이번에는 시장의 고점에서 경제의 특징을 살펴보자. 1950년대 후반부터

1980년 사이에 주식시장의 고점은 경기지표의 고점과 사실상 예외 없이 일치하고 있다. 차트 7-6을 보면 1981년과 1983년의 고점은 비슷한 양상을 보인다. 이후 1990년을 제외하고는 경기침체가 없었다. 1988년 동행지표는 최고점을 찍었지만, 주식시장은 이보다 앞서 1987년에 고점을 형성했다. 1990년에 주식은 최고점을 향해 순항하고 있었으나, 1994년에 경기는 최고점을 찍자마자 하락하기 시작한 시장과 맥락을 같이 했다. 마침내 1988년 경기는 고점 이후 단기 하락하지만, 주식시장은 1990년대를 통틀어 침체 조짐을 보이지 않는다. 따라서 1970년대 같은 본격적인 약세장이 나

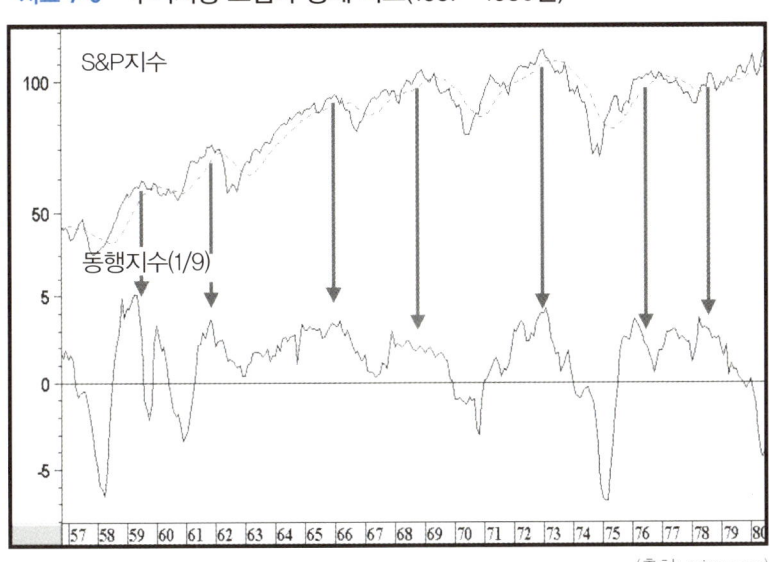

차트 7-5 주식시장 고점과 경제 비교(1957~1980년)

(출처: pring.com)

차트 7-6   주식시장 고점과 경제 비교(1978~2000년)

(출처: pring.com)

타나지 않아도 그다지 놀라운 일은 아니었다.

● 상품가격의 고점

　연준위는 인플레이션을 감지하면 긴축통화정책을 채택한다. 연준위의 긴축통화정책과 지속되는 대출 수요의 증가로 금리는 또다시 상승압박을 받게 된다. 결국, 높은 금리가 경제 시스템을 누르면서 경기회복 역량을 꺾어 놓는다. 이렇게 되면 상품가격은 고점

차트 7-7   CRB 현물산업원자재가격과 경제 비교(1972~1993년)

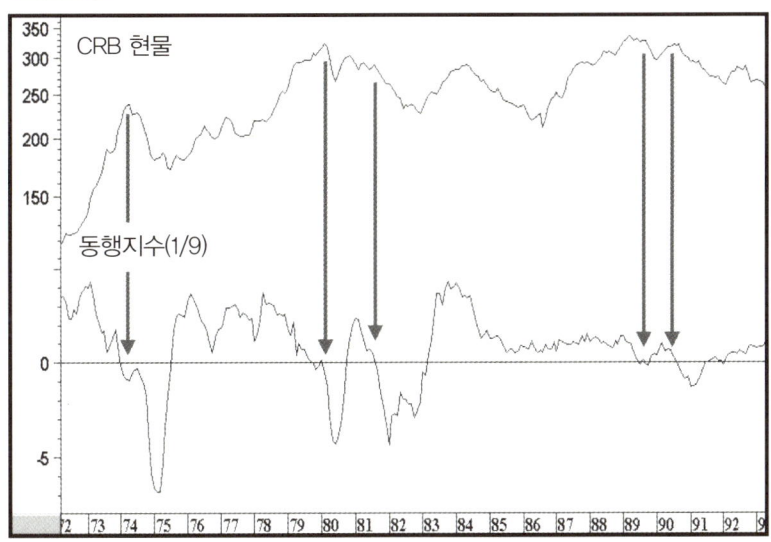

(출처: pring.com)

을 형성한다. 때로는 경기회복기의 끝머리에서 이런 현상이 일어나며, 간혹 경기침체기가 시작되는 처음 몇 달 동안 일어나기도 한다. 차트 7-7을 보면 대체로 동행지표 모멘텀이 0 이하로 떨어지는 지점을 전후해서 CRB 현물산업원자재지수는 고점을 형성한다. 이제 세 가지 시장 모두 약세국면에 있으며, 새로운 사이클이 태동하고 있다.

◐ 더블 사이클

앞서 나는 성장률 둔화growth recession, 그로스리세션와 더블 사이클 double cycle이라는 용어를 사용했다. 침체기에 형성되는 저점은 대개 41개월 동안 지속되지만, 저점이 41개월을 넘어서 지속될 때 이런 현상이 일어난다. 이 때 경제와 금융시장은 더블 사이클을 경험하는데, 기업 활동의 위축은 성장률 둔화로 대체된다. 그림 7-3을 보자. 경제 활동이 정점을 이룬 뒤 하락하지만, 균형 수준 이하로는 떨어지지 않는다. 즉, 경기침체로 이어지지는 않는다는 뜻이다. 대신 성장률이 0 수준 바로 위에서 바닥을 형성한 뒤 다시 상

그림 7-3　이상적인 성장률 둔화

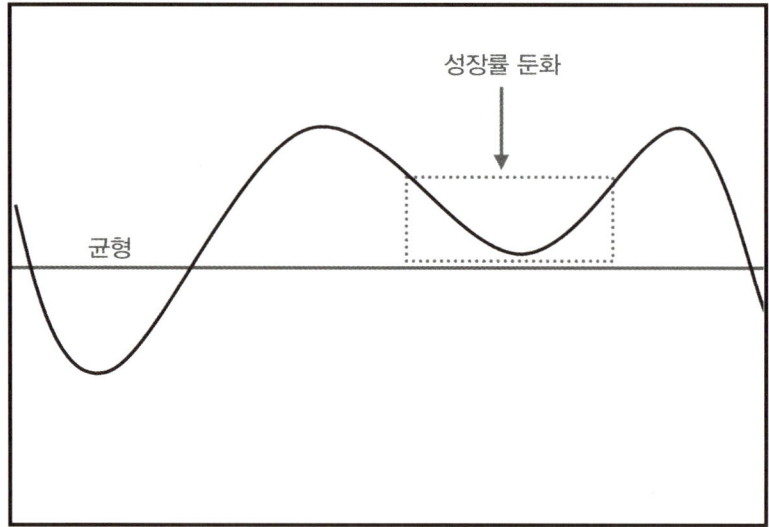

그림 7-4 성장률 둔화에 있는 금융시장의 이상적인 고점과 저점

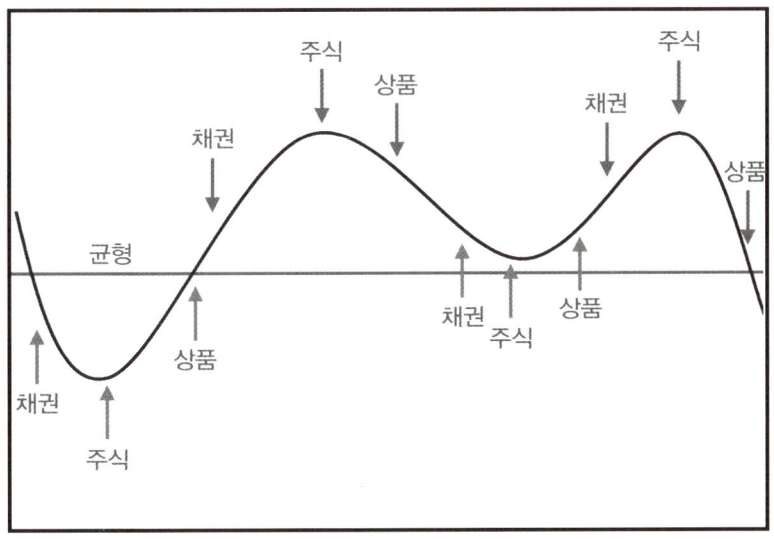

승세로 반전한다. 이런 현상을 경제학 용어로 성장률 둔화라고 한다. 대체로 전후postwar에 정부가 완전고용정책을 밀어붙이면서 이러한 성장률 둔화가 빈번하게 형성된다. 흥미롭게도 금융시장 역시 더블 사이클 동안 이런 움직임을 보인다. 그림 7-4에서 확인해보자. 역시 채권, 주식, 상품 순으로 배열된다. 일반적인 사이클과 더블 사이클의 한 가지 차이점은, 주식에서의 약세장은 더 제약을 받고 강세장은 사이클이 더 커진다는 점이다. 또한 성장률 둔화의 바닥은 빨리 진행되는 특징이 있다. 소위 회전 침체기rolling recession라고 불리는 기간 중 1980년대에 더블 사이클이 발생했다. 1980년대 초반 미국은 업종과 지역을 막론하고 회복기에 접어들었지만,

1985~1986년에 농장, 에너지 생산, 러스트 벨트rust belt, 미국 북부의 사양화된 공업지대 지역이 극심한 침체에 빠졌다. 다른 지역 경기는 호황을 누리고 있었기 때문에 국가 경제가 침체에 빠지지는 않았지만, 내부 왜곡이 극심해서 금융시장은 두 번의 미니 사이클을 경험했다. 차트 7-8은 이 기간 동안 S&P지수와 9개월 이동평균의 편차로 나타낸 동행지표를 표시했다. 점선으로 된 두 개의 세로 화살표는 1982년과 1990년 무렵의 경기침체기를 가리키고 있다. 동행지표는 대략적으로 더블 사이클을 그린다. 회복(A) 후 1980년대 중반 조정(B)이 이어지지만, 침체에 빠지지는 않는다. 그 뒤 1980년

차트 7-8 S&P지수와 경제 비교(1982~1990년)

(출처: pring.com)

차트 7-9 세 가지 금융시장(1980~1993년)

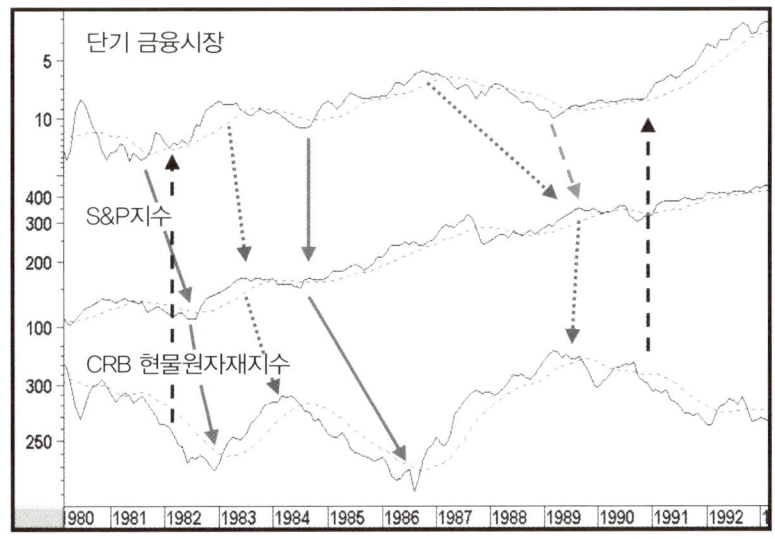

(출처: pring.com)

대 후반에 다시 회복(C)한 후 또 다시 하락세를 보이다가, 1990년에 들어 침체에 빠진다(D).

차트 7-9는 동일 기간 세 개 시장–단기금융시장의 가격, 주식, 상품 등–의 추이를 보여준다. 두 개의 작은 세로 화살표는 침체기를 가리키며, 나머지 화살표는 사이클의 변곡점들을 잇고 있다. 그리고 1984~1986년의 실선 화살표는 더블 사이클의 저점을 연결한다. 마지막 고점들은 이상적인 형태를 보이지 않는데, 1989년 주식시장의 고점에 앞서 단기금융시장이 바닥을 찍고 주식은 상품에 뒤이어 고점을 형성하기 때문이다. 이런 현상은 드문 것으로, 이

제7장 채권, 주식, 상품 변곡점의 연대기 129

기간 동안의 극심한 디플레이션을 반영하고 있다.

◐ 비즈니스 사이클의 6단계

대부분의 비즈니스 사이클에서 채권, 주식, 그리고 상품가격 사이에 시간순서가 존재한다는 사실을 확인했다. 세 개의 시장이 각각 두 개의 변곡점을 가지고 있으므로 이 시장들만 본다면 비즈니스 사이클에는 6단계가 존재한다.

그림 7-5는 이 6단계를 보여준다. 단계 1은 채권가격이 바닥일 때, 단계 2는 주가가 바닥일 때 시작되며, 상품가격이 강세를 보이기 시작하면서 단계 3이 발달한다. 이후 약세가 대세를 장악하고

그림 7-5 비즈니스 사이클의 6단계

비즈니스 사이클의 이상적인 6단계					
단계 1	단계 2	단계 3	단계 4	단계 5	단계 6
			채권 ↓	주식 ↓	상품 ↓
↑ 채권	↑ 주식	↑ 상품			

채권가격이 고점을 찍으면, 이것이 단계 4이다. 결국 단계 5에서 주가가 정점에 이른 후 하락하기 시작한다. 마지막으로 상품가격이 하락세로 반전하면서 사이클은 단계 6에 접어들고, 세 개의 시장 모두 하락한다.

이제 전략을 세울 무기를 손에 쥐었다. 물론 전략은 사이클이 어느 단계에 있는지 식별한 후 적절한 업종과 종목을 선정하는 것이다. 나는 바로미터로 일컬어지는 금융, 경기, 기술적 지표를 이용했고, 매달 내가 발행하는 시장간 뉴스레터Intermarket Newsletter*에 이를 발표했다. 만약 당신이 소식지를 볼 수 없다면, 세 가지 시장에 각각 12개월 이동평균을 적용하면 된다. 어떤 시장이 평균을 웃돌면 강세, 평균을 밑돌면 약세로 판단한다. 차트 7-10은 1980년대 초기에 어떻게 이것이 작동했을지 그 추이를 보여준다. 1981년 후반 사이클은 단계 1에 있으며, 단기금융시장 가격이 12개월 이동평균을 상향 교차한다. 이후 1982년 후반 주가가 12개월 이동평균을 상향 교차하고, 마지막으로 상품가격이 채권과 주식시장의 상승 흐름에 합류하면서, 1983년 중반 단기금융시장 가격은 정점에 이른 후 하강을 시작한다. 그리고 주식과 상품이 그 뒤를 따른다. 1984년 10월에는 새로운 1단계가 시작되지만, 주식이 순서를 이탈해 단기금융시장 가격에 앞서 움직인다. 그러나 A처럼 확연한 12개월 이동평균 교차만을 신호로 취한다면, S&P는 예정된 순서로

* 자세한 내용은 pring.com 참조

차트 7-10 세 가지 금융시장(1980~1987년)

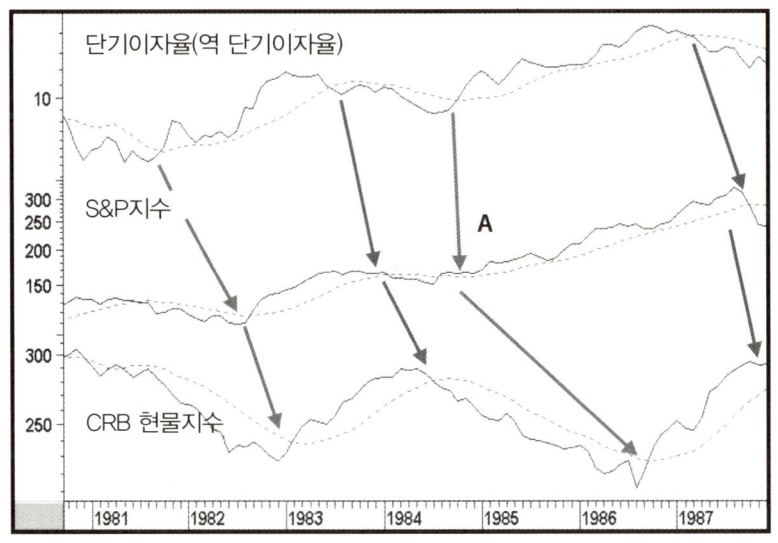

(출처: pring.com)

움직인 셈이다. 마침내, 1986년 후반에 이르자 상품시장이 단계 3을 알린다. 이후 단기금융시장 가격이 고점을 향하면서 단계 4에 접어든다. 1987년에는 주식을 현금화하면서 단계 5가 형성되고, 차트 끝에서 상품지수가 12개월 이동평균을 상향 교차하면서 단계 6이 완성된다. 사실 차트를 설명하면서 그냥 지나간 것이 하나 있다. 단기금융시장 가격이 바닥을 찍기 전에 S&P가 급반등하면서 12개월 이동평균을 돌파했다는 사실이다. 이런 일탈은 드물기는 하나, 때때로 이런 예외가 발생한다는 점을 유념해야 한다.

1987년의 경험을 제외하면, 이 기간은 지난 200년 동안의 전형적인 모습을 보여주면서 논리적인 사이클을 따른다. 그러나 차트 7-11에서 보듯 1990년대로 접어들면서 시장은 좀 더 복잡해진다. 이유는 두 가지다. 첫째, 경기침체가 없다. 사실 경기는 서서히, 지속적으로 성장하며 많은 더블 사이클을 보이지 않는다. 인플레이션과 디플레이션이 오는 이유는 경기변동이 있기 때문이다. 경기의 호황, 불황 사이클이 없다면 시장 역시 마찬가지다. 비즈니스 사이클이 사라지고 호황, 불황의 경기변동이 없다면 이런 분석은 소용이 없다. 그러나 비즈니스 사이클은 두려움과 탐욕 사이에서 진동하는 인간의 본성을 반영하고 있다. 앞으로 수십 년 동안 이런

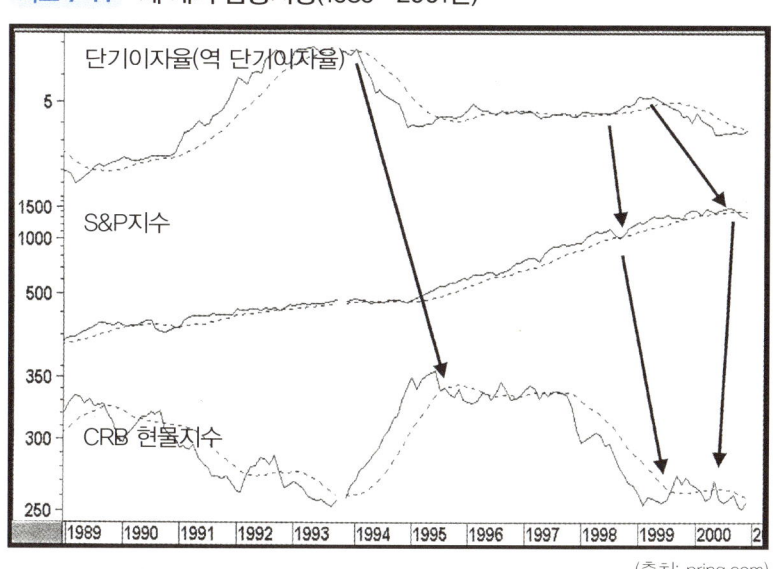

차트 7-11 세 개의 금융시장(1989~2001년)

(출처: pring.com)

인간의 본성에 큰 변화가 있을 거라고 생각하지 않는다. 둘째, 인수합병 움직임과 전례 없는 기술주 붐으로 주식시장이 사상 최장, 그리고 최고의 강세를 보였기 때문이다. 따라서 6단계 분석에 들어맞는 약세장은 사실상 존재하지 않는다.

긴 안목에서 보면 1994년 말부터 1998년까지 단기금융시장은 약세를 보인다. 주식시장은 시간적 순서에서 일탈해 독자적인 움직임을 보이면서 1995년 12개월 이동평균을 상향 교차한다. 한편, 단기금융시장의 이동평균 하향 이탈과 CRB 상품지수의 이동평균 하향 이탈을 잇는 점선 화살표를 그릴 수 있다. 1998년 말, 단기금융시장이 평균을 상향 돌파하면서 단계 1이 만들어지고 모든 것이 맞아 들어가는 것처럼 보인다. 곧이어 주가가 단계 2를 만들고 상품이 초단기간에 단계 3을 형성한다. 마지막으로, 1999년 초에 단기금융시장이 이동평균을 상향 돌파하면서 단계 4를, 2000년대 중반 주식이 이동평균을 상향 돌파하면서 단계 5를, 그리고 거의 동시에 상품이 이동평균을 상향 돌파하면서 단계 6이 형성된다. 채권-주식-상품의 시간순서라는 관점에서 보면, 1980년대 후반과 1990년대의 대부분은 지난 200년 동안 관찰하기 힘든 아주 혼란스러운 시기였다. 21세기에 비즈니스 사이클이 정상적인 순환변동으로 돌아오면, 채권-주식-상품의 시간순서 역시 다시 돌아오리라 확신한다.

주요 강세장과 약세장의 특징

종목 교대 과정을 살펴보기 전에 추세와 비즈니스 사이클에 대해 한 가지 더 짚고 넘어가겠다. 바로 초장기추세secular or very long term trend다. 주추세primary trend의 방향이 2~6주 단기 변동의 규모에 영향을 미치듯, 초장기추세 역시 주추세의 성격에 영향을 미친다. 대체로 초장기추세는 서너 개 이상의 주추세를 포괄하며, 10~30년 동안 지속된다.

기업 채권수익률을 나타내는 차트 7-12가 이점을 잘 보여준다.

차트 7-12 **채권수익률과 초장기추세, Ⅰ**

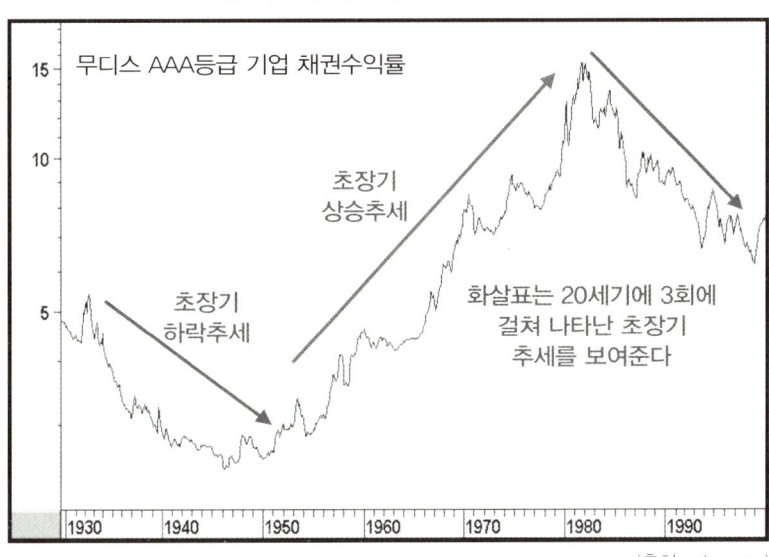

(출처: pring.com)

세 개의 초장기추세가 1930년부터 2000년까지 나타나고 있다. 첫 번째 초장기추세는 1930~1940년대 동안의 하락추세였다. 이후 1940년대 중반에서 1981년까지 인플레이션을 동반한 상승추세가 이어진다. 그리고 20세기말 또 다시 디플레이션을 동반한 초장기추세가 지속된다. 대체로 장기 인플레이션 중에는 상품과 채권수익률의 강세가 길게 이어지지만, 약세장은 비교적 짧다(차트 7-13). 디플레이션이 주도권을 잡으면 형세는 완전히 역전된다. 즉, 약세장이 아주 길게 이어지며 경기 순환에 반하는 반등은 비교적 생명이 짧다. 이후 논의하겠지만, 각 비즈니스 사이클에는 마치 파장처

차트 7-13 채권수익률과 초장기추세, Ⅱ

(출처: pring.com)

럼 인플레이션과 디플레이션이 반복된다. 따라서 초장기 인플레이션 환경에서는 인플레이션이 비즈니스 사이클을 지배하고, 하락 추세에서는 디플레이션이 비즈니스 사이클을 지배한다. 이는 인플레이션이 주도하는 사이클에서는 대체로 에너지주와 광업주가 탁월한 실적을 보이며, 디플레이션이 주도하는 사이클에서 고수들은 방어주에 집중한다는 것을 의미한다. 그리고 식품주, 금융주, 이자율민감주를 비롯한 방어업종이 자연스럽게 혜택을 입는다. 물론 이 환경은 채권시장에도 유리하다.

How to SELECT STOCKS Using TECHNICAL ANALYSIS

비즈니스 사이클을 둘러싼 업종 순환

❯ 사이클은 인플레이션과 디플레이션으로 분할된다

전형적인 비즈니스 사이클 안에서 형성되는 경제적 사건의 연대기적 순서를 이해했으므로, 이제 비즈니스 사이클이 업종의 실적에 미치는 영향을 이해하기에 훨씬 유리한 위치에 섰다. 비즈니스 사이클을 6단계로 보는 접근법은 앞서 설명했다. 그러나 그림 8-1처럼 비즈니스 사이클을 나누면 훨씬 단순해지는데, 먼저 회복기 이후의 인플레이션 단계와 경기후퇴국면에서의 디플레이션, 그리고 회복기 초기에서의 디플레이션 단계로 나누면 훨씬 간단해

그림 8-1　비즈니스 사이클의 인플레이션과 디플레이션

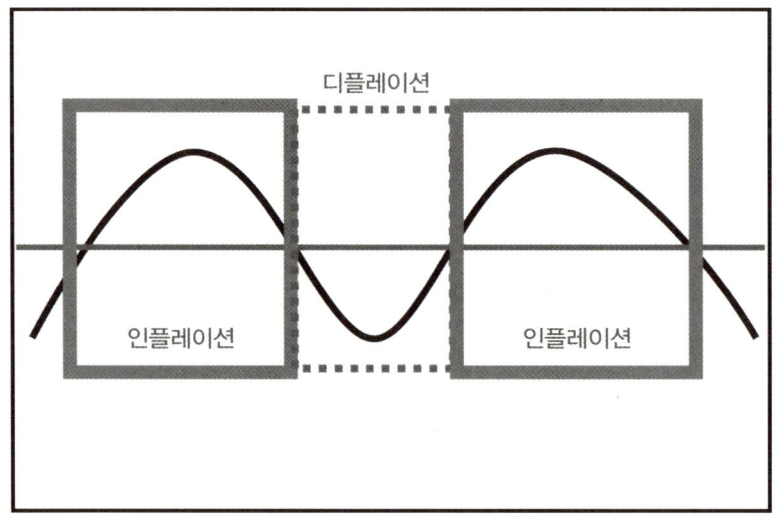

보인다. 사이클 속의 인플레이션 혹은 디플레이션의 규모(강도)와 지속 기간은 대체로 초장기추세의 방향에 의해 결정된다. 이를테면 1940년대 말과 1981년 사이에 있었던 전후 인플레이션 기간에는 사이클에서 인플레이션이 지배적이었다. 반면 1981년부터 20세기 말까지는 디플레이션이 우세했다. 물론 CPI_{Consumer Price Index, 소비자물가지수}로 보면 전체 기간을 통틀어 인플레이션이 지배적이다. 내가 말하는 인플레이션과 디플레이션은 채권수익률과 상품가격의 주추세에 반영되는 인플레이션과 디플레이션의 강도다.

　비즈니스 사이클 내의 인플레이션과 디플레이션의 개념을 확장시키면, 인플레이션 민감업종과 디플레이션 민감업종을 반영하고

비율로 표시하는 지수를 개발할 수도 있다. 그렇게 된다면 사이클의 현재 국면에 대한 결정이 비교적 단순해질 수 있다. 이에 대해서는 이후에 다시 논의하겠다.

먼저 경기가 2개월 동안 위축국면을 겪은 뒤에 어떤 일이 일어나는지 생각해보자. 채권가격이 바닥을 벗어나고 이자율이 하락하기 시작한다(그림 7-2 참조). 그러나 이자율이 하락할 때 주식시장에서 실적이 좋은 업종도 있다는 사실을 알아두자. 이처럼 낮은 이자율의 혜택을 입는 업종을 초기 사이클 선도주 early cycle leaders 또는 유동성 견인업종 liquidity-driven groups이라 부르는데, 이 업종들은 낮은 이자율이라는 새로운 추세에서 혜택을 입기 때문이다. 아마도 유틸리티주와 은행주를 비롯한 금융주들이 떠오를 것이다. 유틸리주티주는 자본집약적인 업종으로 거액을 대출해야 하기 때문이다. 이자율이 하락하면 비용을 낮추는 동시에 수익을 올릴 수 있다. 또한 배당금이 비교적 크므로 이자율이 하락하면 이런 고수익 종목들은 배당금이 적은 종목보다 경쟁력이 높아진다. 따라서 주가가 상승하거나 약세장의 꼬리부분에서도 하락폭이 상대적으로 작게 나타난다. 게다가 유틸리티주의 수익은 상대적으로 예측하기 쉽고 배당금이 크기 때문에, 다른 종목들이 고전하고 있을 때 피난처가 된다는 심리적인 요인도 한몫한다.

이자율이 정점에 이르면 은행, 보험, 증권 같은 금융주들도 바닥을 치기 시작한다. 이자율이 하락하면 이들 업종의 주력상품에 대한 비용도 하락하기 때문이다. 또한, 은행은 대출비용보다 대출자금 조달을 위한 차입비용을 더 천천히 내리는 경향이 있다. 따라서 은행의 수익이 향상된다. 한편, 보험회사는 채권을 다량 보유하고 있는데, 이자율이 하락하면 채권의 가치가 상승하므로 투자 대상으로 매력적이다. 마침내, 강세장이 되어 주가가 오르면 많은 기업이 시장으로 들어온다. 따라서 증권회사의 수수료 수입과 IPO에서 받는 인수 수수료underwriting fee*가 증가한다.

사이클의 이 국면에서 바닥을 벗어나는 마지막 업종은 소비성 비내구재consumer nondurable로, 담배, 음료, 화장품 및 세면용품과 식품 제조업이 이 부문에 속한다. 이런 기업은 비교적 수익을 예측하기 쉽고 안전하며, 자동차나 내구 소비재 등 경기에 민감한 대형주들보다 경기침체의 영향을 비교적 적게 받는다.

기간산업, 기술, 자원주들은 사이클의 반대편에서 선전하는데, 이런 업종을 후기 사이클 선도주late cycle leaders 또는 수익 견인업종earnings-driven groups이라고 부른다. 이들 업종은 상품가격이 바닥을 치면 시장수익률을 상회한다(그림 8-2). 그러나 이것이 정확한 것은 아니며, 이들 업종의 실제 바닥은 상당히 서로 다르다는 것을 명심해야 한다. 다만 이들의 상대적인 실적은 예측하기가 훨씬 쉬운 경향이 있다. 사이클이 무르익고 조업 능력이 위축되면 소비자들은 이런 기업의 상품에 더 많은 돈을 지불하므로 이들 상품의 가격은

---

* 유가증권 공모주선 및 인수의 대가로 인수단이 발행회사로부터 받는 수수료

그림 8-2 사이클 내 각 단계의 업종별 실적

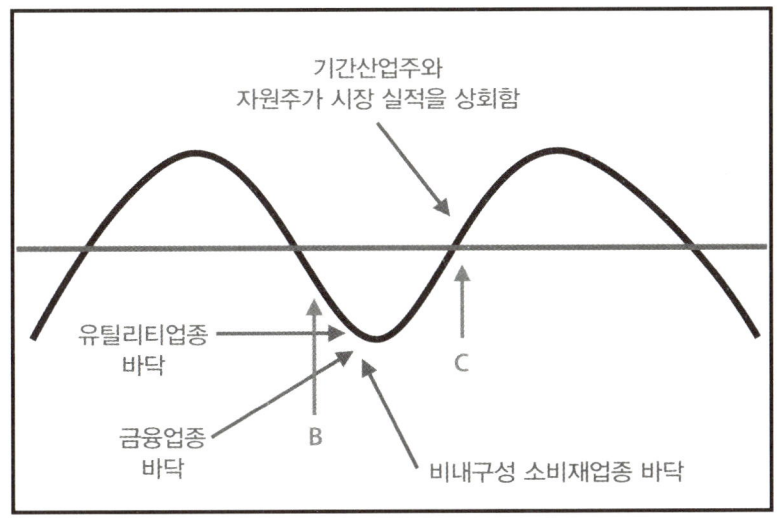

쉽사리 상승한다. 이러한 가격 상승이 재무제표에 직접 영향을 미쳐 수익이 증가하며, 이들 업종은 매력적인 투자대상이 된다. 또한, 조업 능력이 위축되면 기업들은 야심차게 자본재 확충 프로젝트에 돌입한다. 이 역시 기간산업과 기술회사가 생산한 제품의 수요를 증가시킨다.

● 인플레이션 민감업종과 디플레이션 민감업종 비교

앞서 종목을 선행업종과 후행업종으로 구분할 수 있다고 언급

차트 8-1   인플레이션과 디플레이션 업종지수

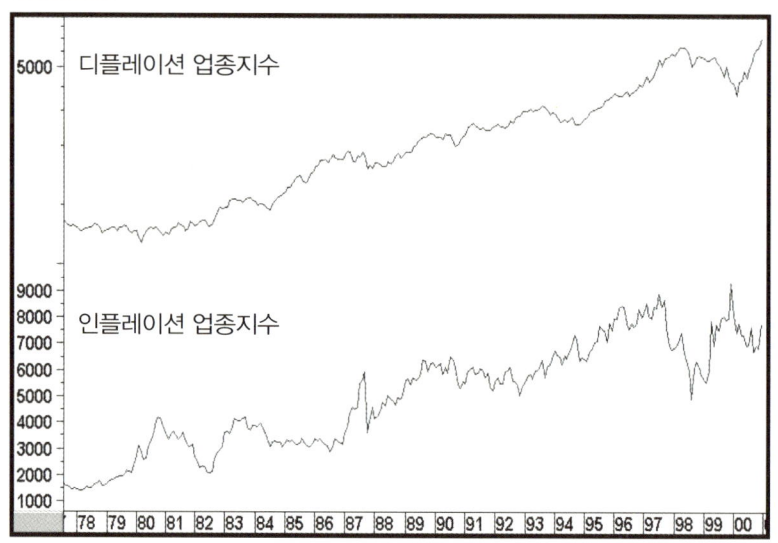

(출처: pring.com)

했다. 차트 8-1을 보자. 위는 디플레이션 업종지수이며 아래는 인플레이션 업종지수다. 디플레이션 업종지수는 유틸리티, 손해보험, 저축은행 등 유동성 견인종목들로 구축되었다.

인플레이션 업종지수는 S&P 알루미늄, 국내석유, 기타 광업, 금으로 이루어졌다. 이 차트는 특별한 것이 없지만, 인플레이션지수를 디플레이션지수로 나누자 유용한 차트가 나왔다(차트 8-2). 인플레이션지수를 디플레이션지수로 나눈 비율이 상승하면 인플레이션 민감업종이 디플레이션 민감업종보다 실적이 좋아진다. 반대로 이 비율이 하락하면 디플레이션 민감업종의 수익이 인플레이션

차트 8-2   인플레이션/디플레이션 비율(1957~2001년)

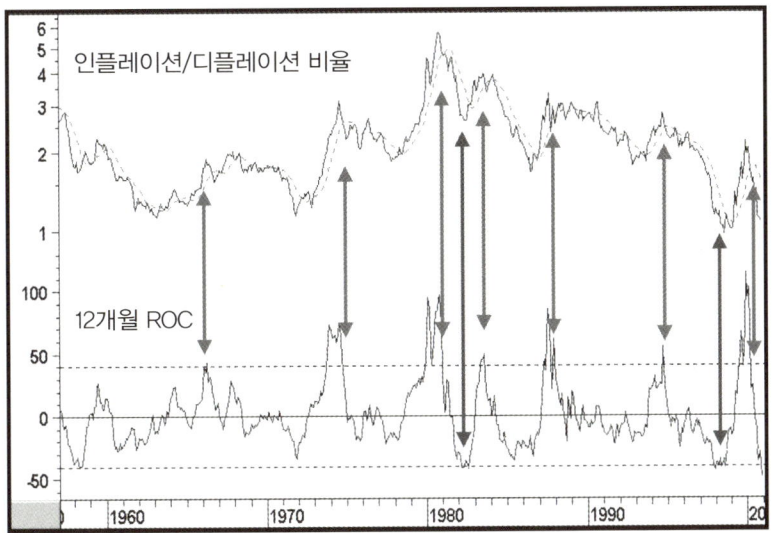

(출처: pring.com)

민감업종의 실적보다 좋아진다.

　인플레이션지수를 디플레이션지수로 나눈 비율은 자산 배분과 개별 업종의 매수매도에 중요한 정보를 준다. 이것이 상승하면 후행주들의 실적이 선행주들의 실적을 웃돈다. 그러나 이는 어디까지나 상대적인 관계이므로 한쪽이 반드시 상승하거나 하락한다는 의미가 아니라, 단지 한쪽이 다른 한쪽보다 실적이 좋다는 의미다.

　이 비율에서의 반전은 디플레이션에서 인플레이션으로 넘어가는 사이클 변화의 타이밍을 보는데도 중요하지만, 채권수익률과 기업 상품가격의 추이와도 꽤 밀접한 연관을 갖는다.

여기 하단에 보이는 12개월 변화율 차트는 유용하다. 화살표는 ROC가 점선 수평선으로 표시한 ±40퍼센트 범위에서 위로 치솟거나 아래로 하락한 지점을 가리킨다. 이 지점은 인플레이션지수를 디플레이션지수로 나눈 비율의 고점과 거의 일치한다. 비즈니스 사이클이 진행되면서 인플레이션 민감주와 디플레이션 민감주가 계속 서로 자리를 바꾸기 때문에 이 접근법은 꽤 쓸만하다. 이 둘의 관계는 좀처럼 선형이나 초장기추세를 보이지 않으며, 매우 주기적인 형태를 보인다.

이 비율이 유용한 까닭은, 주식시장 참가자들이 인플레이션 민감업종과 디플레이션 민감업종의 미래를 어떻게 전망하고 있는지 보여주며, 또한 이 비율의 반전은 채권수익률과 상품가격의 주추세 변화와 연관성을 갖기 때문이다.

◉ 주식시장은 어떻게 채권수익률과 상품가격의 추세를 예고하는가

차트 8-3은 인플레이션/디플레이션 비율과 국채수익률과 산업상품가격의 실적을 비교하고 있다. 이 비율이 보여주는 완만한 등락은 중앙의 국채 수익률과 하단의 CRB 현물산업원자재지수의 양상과 다르지 않다. 인플레이션 초장기추세는 실선으로, 디플레이션은 점선으로 표시했다. 국채수익률과 상품가격 위에 인플레이

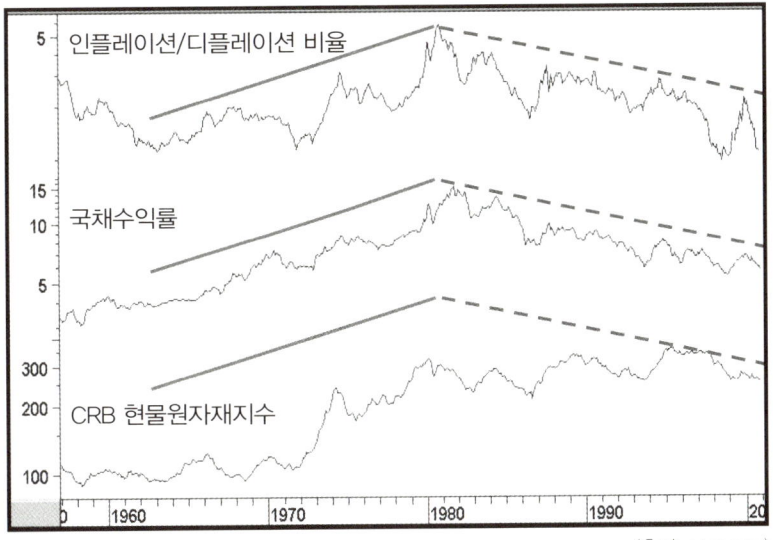

차트 8-3 인플레이션/디플레이션 비율과 채권수익률, 상품가격 비교 (1957~2001년)

(출처: pring.com)

션/디플레이션 값을 그대로 옮겨 덧그렸다. 국채수익률과 상품가격이 인플레이션/디플레이션 값과 상당히 유사한 그래프를 그리며, 특히 국채수익률은 인플레이션/디플레이션 값과 아주 흡사하다. 차트 8-4도 똑같은 양상을 보여주는데, 이번에는 등락이 서로 상당 부분 일치한다. 물론 완전히 일치하는 것은 아닌데, 특히 상품가격이 채권수익률보다 선행하기 때문이다. 그렇다고 해도 세 가지 그래프 사이의 연관성은 부인할 수 없다.

차트 8-5 역시 세 가지 항목을 비교하고 있다. 그러나 이번에 화살표는 차트 8-2에서 보듯 12개월 ROC 과매수 교차점과 결합되고

차트 8-4 인플레이션/디플레이션 비율과 채권수익률, 상품가격 비교 (1957~2001년)

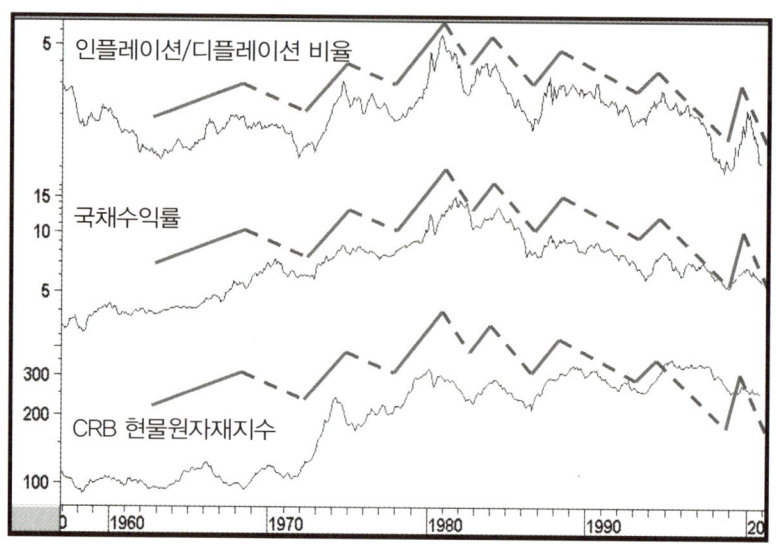

(출처: pring.com)

있다. 이렇게 하는 이유는 인플레이션/디플레이션 비율의 모멘텀 반전을 활용해 채권수익률과 상품가격의 장기추세 반전을 식별할 수 있기 때문이다. 첫 번째 교차는 1960년대 중반에 발생한다. 그 자체의 비율보다는 이른 신호이며, 채권수익률 매도신호로써 전혀 쓸모가 없었다. 그러나 상품가격에는 시기적절한 신호가 되었다. 시간이 지나면서 거의 모든 화살표가 적어도 하나의 고점을 가리키기 때문에 이 기법의 정확도는 향상된다. 시장 참여자들이 인플레이션 민감주와 디플레이션 민감주를 매수매도하면서 일어나는 현상은, 이자율과 상품가격의 고점이 어디인지 정확하게 알려준다

차트 8-5 인플레이션/디플레이션 비율과 채권수익률, 상품가격 비교 (1957~2001년)

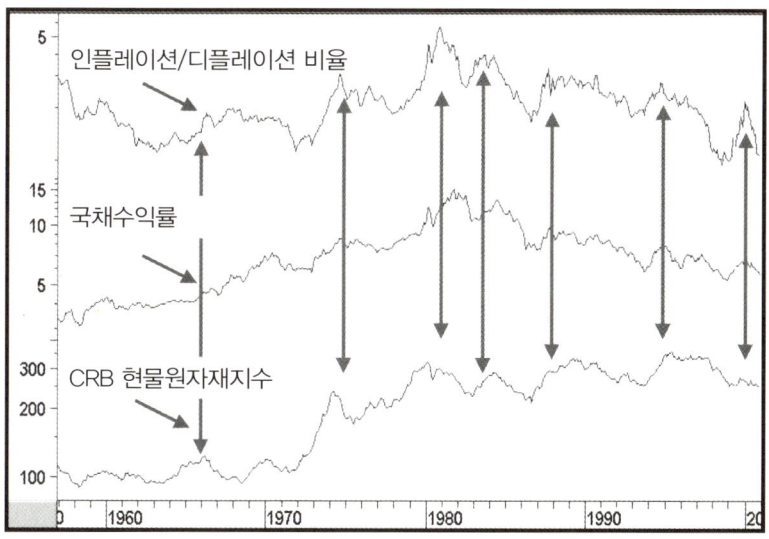

(출처: pring.com)

는 것이다. 채권수익률과 상품가격은 경제의 한 축을 이루고 있으며, 선행업종과 후행업종의 가격 사이에는 직접적인 상관관계가 존재한다.

◐ 선행업종과 후행업종의 관계

인플레이션/디플레이션 비율을 산출할 수 있는 독자가 많지 않다는 것을 알고 있다. 그러나 주식시장 사이클에는 인플레이션/디플레이션의 전투가 끊임없이 벌어지고 있다는 것을 증명한 것만으로도 교육적인 연습이 되었다고 믿는다. 다음에 볼 차트들은 선행업종과 후행업종 두 집단의 데이터를 각각 뽑아서 활용할 것이다. 이 유형의 분석기법은 앤드오브데이 End of Day, 메타스탁 MetaStock, TC2000 등 널리 쓰이는 차팅 소프트웨어 대부분에 적용할 수 있을 정도로 단순하다. 이 둘의 상관관계는 인플레이션/디플레이션 비율만큼 정확하지는 않지만, 업종 순환과정의 주요한 추세변화 분석에 매우 유용할 뿐만 아니라, 시장의 주 변곡점의 타이밍을 포착하는 데도 도움이 된다.

    차트 8-6을 살펴보자. 상단은 S&P 은행지수, 중앙은 은행지수의 상대강도선이다. 상대강도선이 상승하면 은행업종의 실적이 S&P지수를 웃돌며, 상대강도선이 하락하면 은행업종의 실적이 S&P지수를 밑돈다는 의미다. 하단의 오실레이터는 상대강도선으로 구축한 장기 KST다. 차트 8-7은 S&P 국내석유지수의 상대강도에서 구축한 KST 위에 은행지수의 상대강도에서 구축한 KST를 덧그린 것이다.

    은행지수의 상대강도에 대한 KST는 점선으로, 국내석유지수의 상대강도에 대한 KST는 실선으로 표시했다. 이 둘은 때때로 서로 반대방향으로 움직이고 있다. 이러한 움직임을 더 선명하게 보여주기 위해 화살표를 그려 넣었다. 2000~2001년 사이에는 두 모멘텀이 같은 방향으로 움직이지만 이는 극히 드문 경우이며, 대부분의 기간에서 이 둘은 상반된 움직임을 보이면서 업종 순환 과정이

차트 8-6 　S&P 은행지수와 상대강도(1976~2001년)

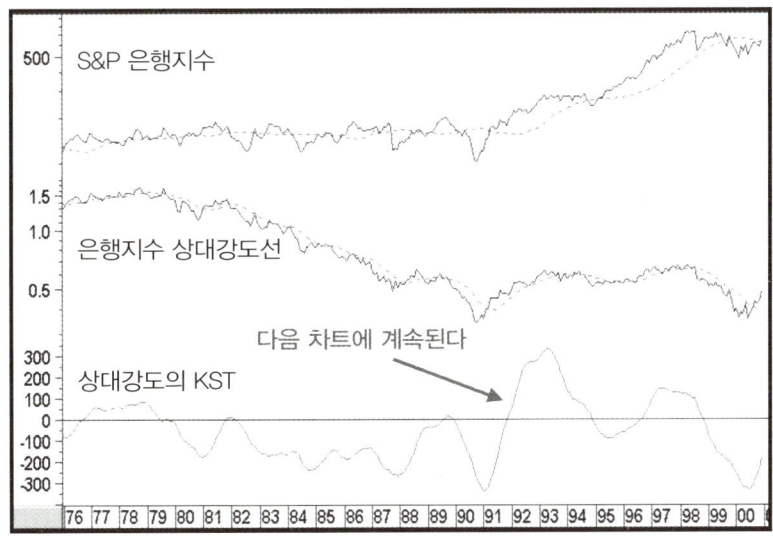

(출처: pring.com)

차트 8-7 　은행지수와 국내석유의 상대강도 모멘텀 비교(1944~2001년)

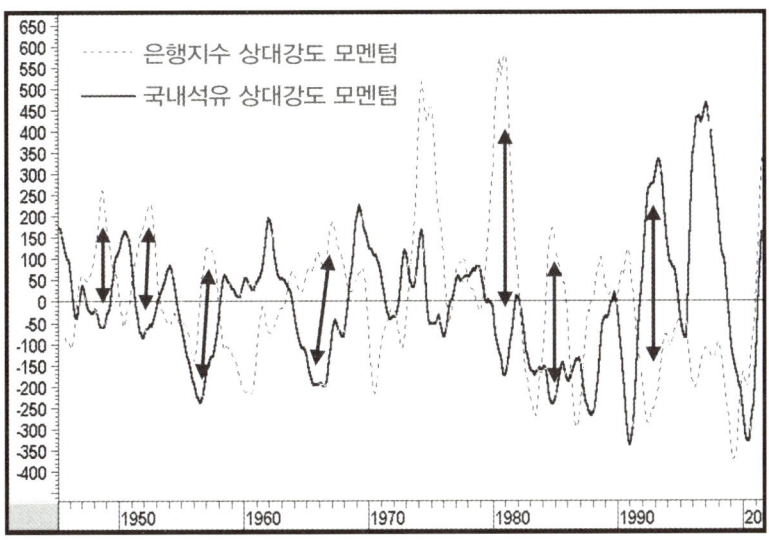

(출처: pring.com)

제8장 비즈니스 사이클을 둘러싼 업종 순환

존재함을 나타내고 있다.

차트 8-8도 비슷한 양상을 보이나, 이번에는 S&P 금융업종과 S&P 에너지업종의 지수를 비교하고 있다. 이 두 지수도 서로 엇갈리는 행보를 보인다. 한 가지 흥미로운 점은 에너지지수가 세 차례 은행업종지수를 상향 교차할 때 주식시장은 연이어 급락했다는 것이다. 첫 번째는 1987년 여름이며, 두 번째는 1990년 소규모 약세장 직전이었다. 세 번째는 1999년 말, 나스닥이 천장에 도달하기 몇 달 전이며, 이후 나스닥지수는 60퍼센트 이상 그 가치가 하락했다. 이 세 차례의 상향 교차는 주가가 강세장의 최종국면에 있다는

차트 8-8 금융과 에너지업종의 상대강도 모멘텀 비교(1985~2000년)

(출처: pring.com)

경고였다.

금융업과 기술업종의 관계를 비교해도 유용하다. 차트 8-9는 금융업과 기술업종의 상대 KST를 비교하고 있으며, 화살표는 금융업종의 바닥과 기술업종의 천장을 가리키고 있다. 이에 반하여 차트 8-10의 화살표는 컴퓨터업종의 바닥과 금융업종의 천장을 가리킨다.

마지막으로 차트 8-11은 컴퓨터업종과 금융업종의 상대적인 KST와 함께 S&P지수를 동시에 비교하고 있다. 금융업종이 하락하는 데 반하여, 1997~1999년 사이의 폭발적인 강세장이 어떻게

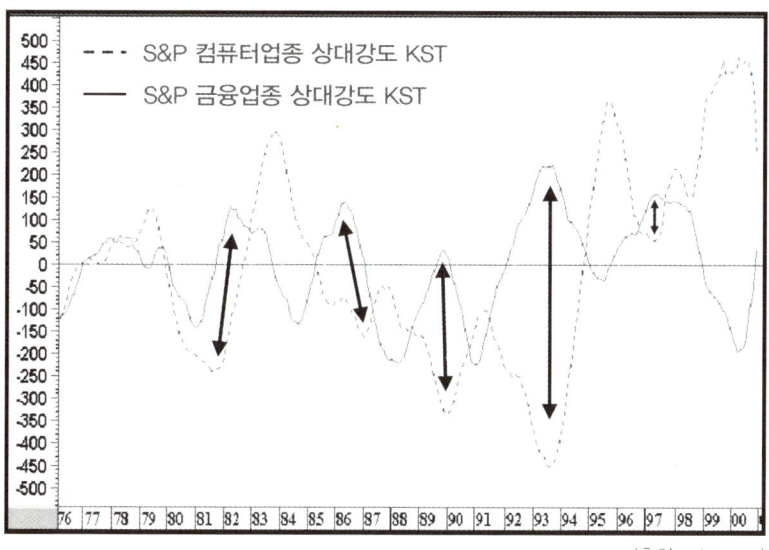

차트 8-9 컴퓨터와 금융업종의 상대강도 모멘텀 비교(1976~2001년)

(출처: pring.com)

차트 8-10 컴퓨터와 금융업종의 상대강도 모멘텀 비교(1976~2001년)

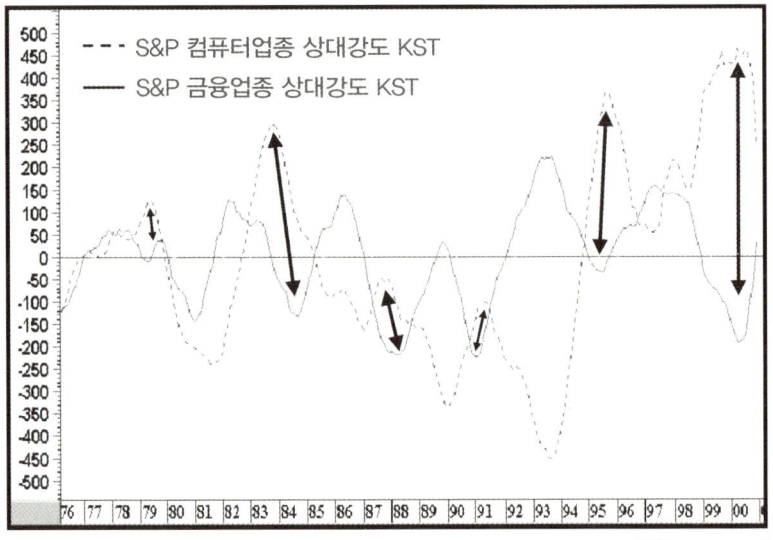

(출처: pring.com)

기술부문의 강력한 상대강도 모멘텀에 의해 지지받고 있는지 주목하라. (우연히도 이 두 부문의 주가는 모두 하락했다.) 정반대 현상은 나스닥 거품이 붕괴되면서 나타났는데, 이는 2000년 후반부와 2001년 전반부는 금융주의 모멘텀이 상승했기 때문이다.

S&P 은행업종지수의 상대 KST가 바닥을 칠 때, 대체로 주식시장은 상승했다는 점이 흥미롭다. 차트 8-12의 세로 화살표가 이러한 사실을 드러낸다. 1981년에 나타난 바닥은 예외지만, 이때도 상당수 종목이 상승했다. 그러나 후행업종의 실적이 지지부진하면서 평균적으로는 압박을 받았고, 이것이 선행업종의 강세를 상

차트 8-11   컴퓨터와 금융업종의 상대강도 모멘텀과 S&P지수 비교
          (1979~2000년)

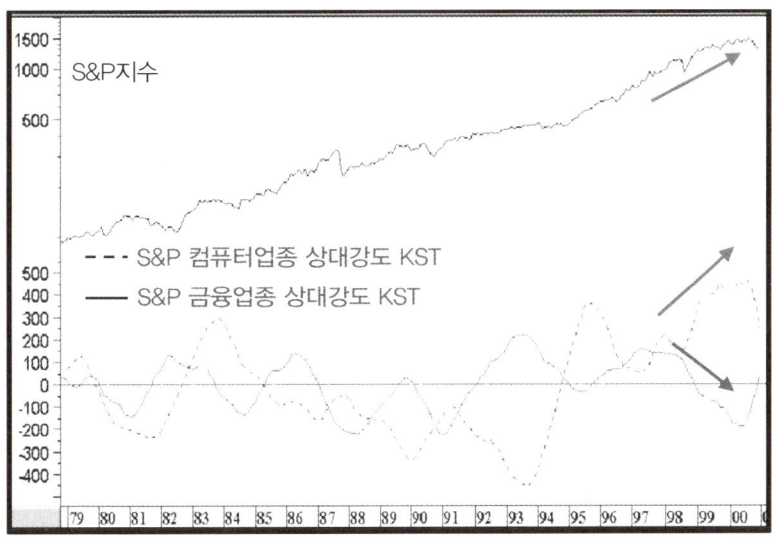

(출처: pring.com)

차트 8-12   컴퓨터와 금융업종의 상대강도 모멘텀과 S&P지수 비교
          (1979~2000년)

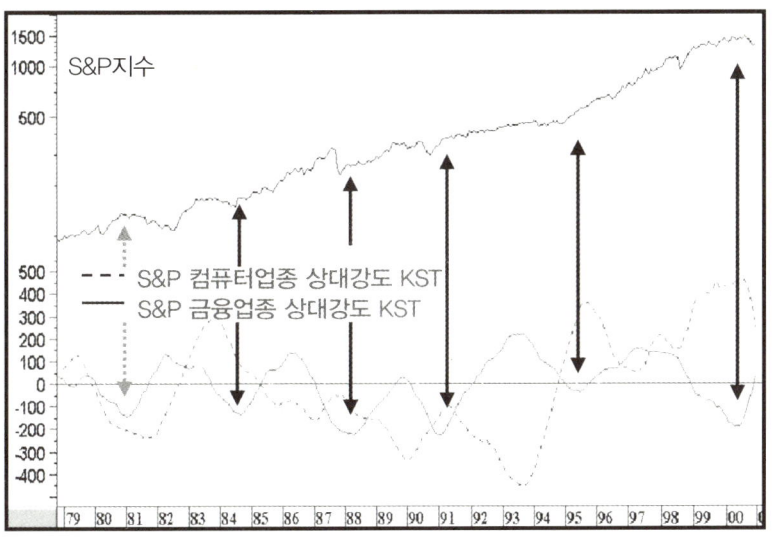

(출처: pring.com)

쇄해버렸다.

　상대적인 모멘텀을 활용해 주식시장의 바닥을 식별하는 것에 대한 논의를 끝내기 전에, 두 업종 간의 관계를 마지막으로 살펴보자. 초기 선행업종인 은행과 후행업종인 알루미늄이다. 차트 8-13은 은행업종을 알루미늄업종으로 나눈 비율을 보여준다. 여기서는 상승하는 부분이 디플레이션이다. 왜냐하면 이 비율이 상승한다는 것은 은행업종의 실적이 알루미늄업종을 상회한다는 뜻이며, 이 비율의 하락은 알루미늄업종의 실적이 은행업종의 실적을 상회한다는 뜻이기 때문이다. 화살표는 1950년대 이후 주식시장의 주요 바닥을 가리키고 있다. 1982년을 제외하고는 은행업종/알루미늄업종 비율이 바닥을 찍는 동시에 주식시장도 바닥을 찍는다. 안타깝게도 지표의 어떤 바닥이 주식시장의 주요 바닥과 일치하는지는 뒤늦게야 알 수 있다. 그러나 해결 방법이 있는데, 바로 은행업종/알루미늄업종 비율의 장기 KST를 산출해 KST가 9개월 이동평균을 상향 교차할 때를 기다리는 것이다. 차트 8-14는 1960년대와 1970년대의 은행업종/알루미늄업종 비율의 KST를 보여준다. 화살표는 정확하게 주식시장의 바닥을 그리고 있다. 물론 반드시 그렇게 되지는 않으나, KST의 바닥에서 멀리 벗어나지 않는 범위에서 시장의 바닥을 예측하는 것은 충분히 합리적이다. 공교롭게도 두 점선 화살표로 표시된 부분은 예외로, 두 경우 모두 경기침체기가 아니었다는 점이 흥미롭다.

　차트 8-15는 20세기의 마지막을 보여준다. 다시 한 번 KST 반전

차트 8-13 컴퓨터와 금융업종의 상대강도 모멘텀과 S&P지수 비교
(1979~2000년)

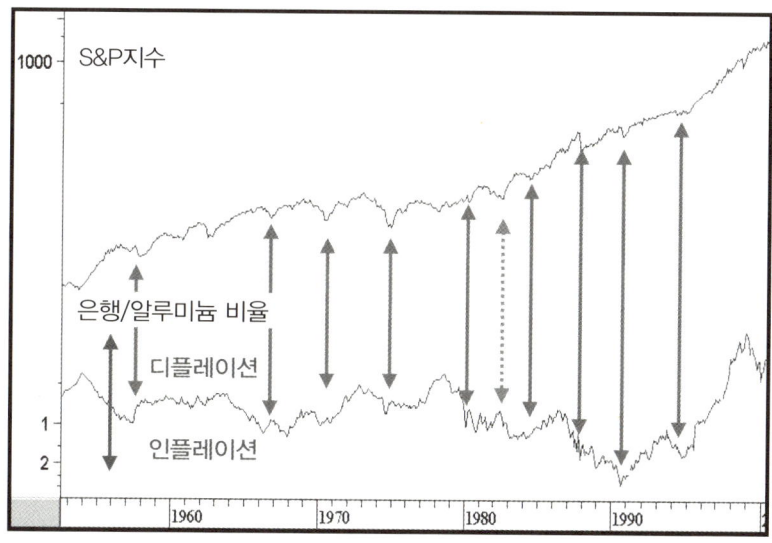

(출처: pring.com)

차트 8-14 은행/알루미늄 비율과 S&P지수 비교(1958~1981년)

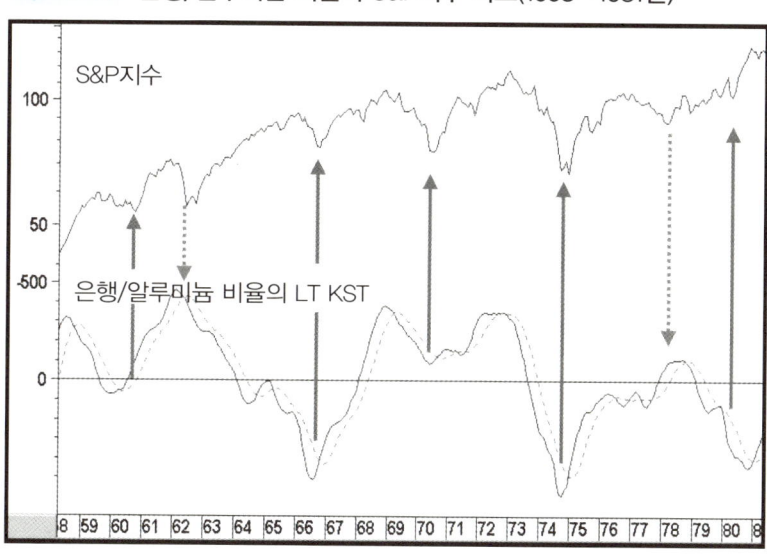

(출처: pring.com)

제8장 비즈니스 사이클을 둘러싼 업종 순환   157

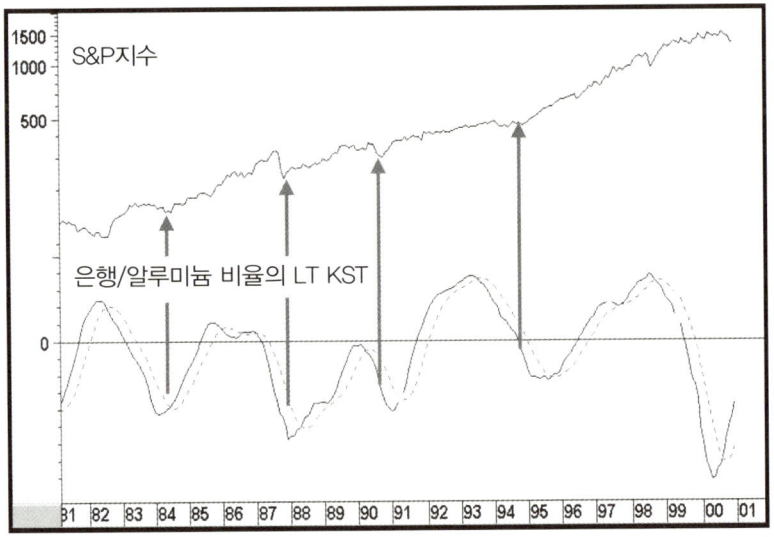

차트 8-15 은행/알루미늄 비율 모멘텀과 S&P지수 비교(1981~2000년)

(출처: pring.com)

은 그 자체로 신호 역할을 훌륭하게 해내고 있다.

지금까지 업종간의 관계를 활용해 사이클의 어느 단계인지 식별하는 방법을 살펴보았다. 이제 한 걸음 더 나아가 상승하는 업종과 그 업종 중에서도 강세를 보이는 종목을 구별하는 전략에 이 관계를 어떻게 적용할지 알아보자.

How to SELECT STOCKS Using TECHNICAL ANALYSIS

주요 변곡점에서 업종 및 종목 선정하기

▶ 종목 선정에 효과적인 하향식 접근법

종목 선정에서 가장 널리 활용되는 기법들 중 하나는 소위 하향식 접근법top-down approach이다. 이런 하향식 접근은 시장에서 좋은 매수 기회를 식별한 다음, 매수 후보가 되는 업종들을 골라내고 이 선별된 업종 중에 최종적으로 종목을 선정하는 방법이다. 이것은 아주 체계적인 기법으로 무작위 선별이 아니라 업종별 종목들 사이에 비교 조사가 가능한 방식이다. 이를테면 2,000여종의 주식을 조사한 뒤 GM을 골랐다고 하자. GM의 주가를 끌어올린 특별한 요인이 있을 수도 있다. 그러나 만약 자동차 업종이 매수 후보라는 것을 식별하고 자동차 업종의 주식 거의 대부분이 매수 기회라고 판단했다면, 큰 그림은 명확해진다. 이 경우 개별 종목에만 국한된 기술적 여건이 아니라 자동차주의 일반적인 움직임이므로 매수신호의 신뢰도가 훨씬 높다.

곧 이어서 설명할 예시에서는, 시장의 매수 기회가 중기 저점과는 대조적인 약세장 바닥이라고 가정할 것이다. 따라서 시장 주도주들은 금융, 유틸리티, 필수 소비재 등 유동성 견인업종이 될 것이다. 우리가 살펴볼 신호들은 모두 적어도 6~9개월 동안 지속되는 추세에 따른 것이라는 점을 명심해야 한다. 이보다 짧은 추세는 여기서는 고려 대상이 아니다. 우리가 앞으로 살펴볼 차트는 수년을 포괄하고 있으므로 이러한 랠리 중 일부는 꽤 짧게 보일수도 있다. 그러나 날짜를 자세히 살펴보면, 랠리 대부분이 최소한 1년 이상 지속됨을 알게 된다.

가장 먼저 해야 할 일은 시장의 바닥을 포착하는 것이다. 이 경우에는 1994년 말의 저점을 말한다. 물론 지나간 과거의 차트를 보고 바닥을 확인한 것이지만, 그 당시에도 이를 알 수 있는 기술적 신호들이 충분했으리라 판단한다. 이 점을 염두에 두고 일부 초기 선행업종들이 어떤 움직임을 보였는지 살펴보기로 하자.

⊙ 다선보험업종

차트 9-1은 다선보험업종multi-line insurance group이다. 이 차트는 앞으로 나올 사례에서도 광범위하게 사용할 예정이므로, 좀 더 자세하게 개념을 설명하고자 한다.

차트는 크게 두 부분으로 나뉘며, 주추세 관점으로부터 얻은 각각의 상대적 KST를 구했다. 상단 두 부분에서는 주가와 주가의 65주 지수이동평균을 함께 표시했다. 65주라는 시간의 틀이 완벽한 것은 아니지만, 대부분의 상황에서 적절하게 운용할 수 있다. 또

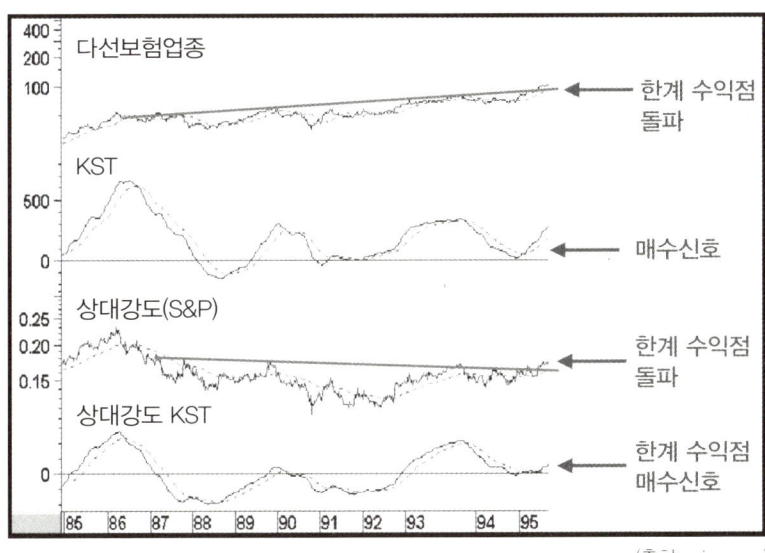

차트 9-1 다선보험업종과 세 가지 지표(1985~2000년)

(출처: pring.com)

제9장 주요 변곡점에서 업종 및 종목 선정하기

한 장기적인 관점에서 주가가 강세인지 약세인지 판단할 수 있다. KST는 제5장에서 설명한 것과 동일한 시간단위를 활용해 산출했다. 다만 여기서는 주간 데이터를 이용해 KST를 산출했으므로, 24개월이라는 기간이 104주, 즉 2년으로 대체되었다. 또한 이동평균은 단순 평활화 대신 지수를 이용해 산출했다. 상대강도는 종목 선정에 아주 중요한 요소이므로, 세 번째 부분에 상대강도선과 상대강도선의 65주 지수이동평균을 표시했다. 가장 하단에서는 상대강도의 장기 KST를 볼 수 있다. 따라서 절대적, 상대적인 두 가지 추세 모두에 대한 장기 기술적 위치를 빠르게 살펴볼 수 있다. 지금 보유하고 있는 차팅 소프트웨어로 KST 연산이나 제도(製圖)를 할 수 없다면, 장기추세 편차, 스토캐스틱 혹은 평활 MACD로 대체하기 바란다. 이를테면 제4장에서 설명한 15/36 추세 편차를 활용하거나, 18개월 ROC의 6개월 이동평균을 활용해도 좋다.

차트 9-1로 다시 돌아가면, 1995년 이후의 데이터는 지워버렸으므로 당시 시황이 어땠는지 예측해 볼 수 있다. 절대적인 근거에 따를 때, 상황은 상당히 장밋빛이다. 주가는 65주 지수이동평균을 상회하고 고점과 저점을 높여가면서 강세를 타고 있다. 또한 장기 KST가 막 매수신호를 발효했다. 이 시점에서 KST가 지수이동평균을 상회하므로, 강력한 추세가 장기 모멘텀 속에 있다고 확신할 수 있다. 게다가 주가 위에 주요 저항 추세선을 구축할 수도 있다. 진입 시점을 결정해야 한다면, 이 저항선 위를 상향 돌파할 때가 최적의 타이밍이다.

차트 9-2   다선보험업종과 세 가지 지표(1985~2000년)

(출처: pring.com)

상대강도선 역시 저항 추세선을 상향 돌파했고, 상대강도의 KST는 매수신호를 발효시켰다. 결론은 주가와 상대강도 모두 다선보험종목을 매수해도 좋다는 신호를 내고 있다. 차트 9-2를 보면 이 결론이 정확하다는 것이 입증된다.

❯ 손해보험업종

손해보험지수Property Casualty Insurance Index, PCI 역시 선행업종이다.

차트 9-3에서 보듯 주가는 추세선을 돌파했고, 주가의 KST는 강세를 보일 뿐 아니라 하락추세선을 돌파했다. 문제가 있다면 이 신호들이 약간 과매수 상태에서 나왔다는 점이다. 다시 말하면 과매수 상태가 표시되기 전 주가는 그다지 큰 폭으로 상승하지 않았다. 일반적으로 말해서, 주가의 KST와 상대강도의 KST가 모두 0 수준 아래에서 상승하는 주식을 매수해야 한다. 이렇게 해야 과매수되기 전 상승할 여력이 크다.

이 때, 상대강도선이 명백한 상승추세에 있고 상대강도의 KST는 매수신호를 낸다. 앞서 시장이 막 바닥을 쳤으므로 상대강도의

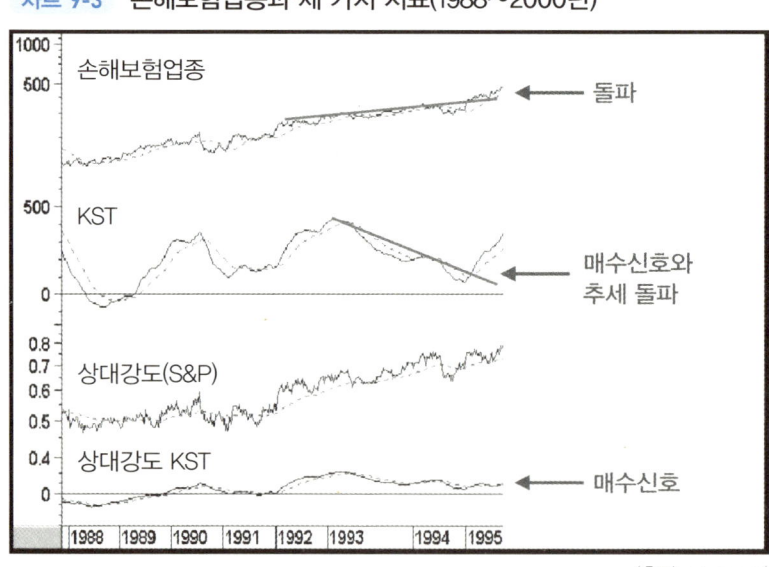

차트 9-3 손해보험업종과 세 가지 지표(1988~2000년)

(출처: pring.com)

기술적 위치가 이처럼 탁월하다는 것은 손해보험지수가 S&P지수를 계속 상회하리라는 것을 예고한다. 따라서 비록 KST의 절대값이 과매수라는 점이 걸리기는 하지만, 상대강도의 KST가 새로운 매수신호를 내고 있으므로 적어도 몇 달간은 안심해도 좋다.

차트 9-4를 보면 주가는 1년 뒤까지 계속 상승했다. 그러나 1996년 중반, 지수가 65주 지수이동평균을 이탈하면서 KST가 매도신호를 냈다. 상대강도선과 상대강도의 KST 역시 각각의 지수이동평균 아래로 떨어졌다. 이 시점에서 모든 것들이 부정적인 상황으로 돌아섰고, 주가 KST의 상승국면이 지나치게 오래 지속되

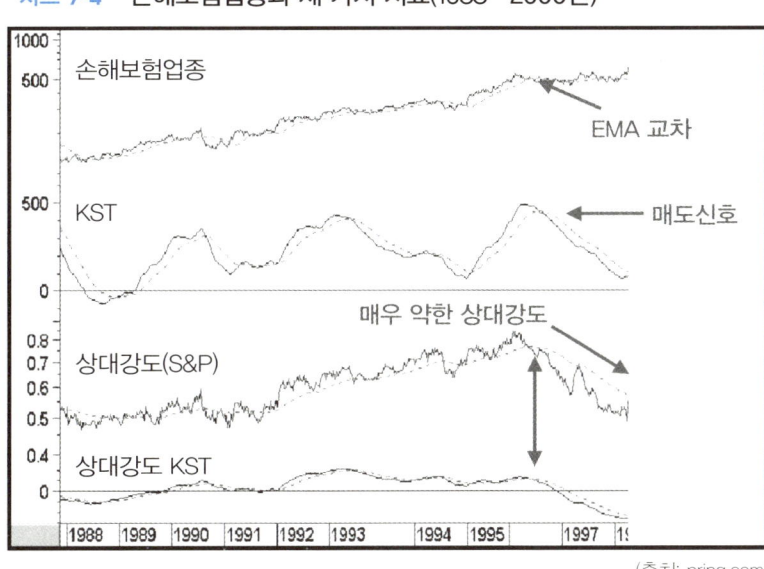

차트 9-4 손해보험업종과 세 가지 지표(1988~2000년)

(출처: pring.com)

었다. 따라서 여기서 매도했다면 올바른 결정이 되었을 것이다. 차트 9-4를 보면, 그 때 지수는 하락하지 않았고 박스권에서 장기 횡보했다. 여기서 그다지 심각한 손해는 없으나 상대강도선을 보라. 상대강도선이 급락하면서 훨씬 더 괜찮은 다른 기회가 있었다는 것을 암시한다.

이제 당시 손해보험업종들이 어떤 양상을 보였는지 살펴보자. 논리적으로 말하면, 이 업종의 주식 대부분이 괜찮았다고 예측할 수 있다. 그러나 같은 업종이라도 업종 내에 주도주와 소외주가 있어서 몇몇 주식이 지수를 주도하는 경우가 흔하다. 즉, 지수가 매수 또는 매도신호를 낼 즈음이면 일부 종목은 이미 과매수 상태에 도달해 있다는 것이다. 차트 9-5 아크맛Acmat을 보자. 1995년 초 주가의 장기 KST는 살짝 과매수 상태다. 주가는 박스권에 있으므로 저항선 위로 돌파하면 매수신호가 발효될 것이다. 그러나 상대강도선과 상대강도의 KST가 여전히 약세라는 점에 주목해야 한다. 따라서 아크맛을 잠재적 매수후보로 임시 리스트에 올려야 한다. 한편, 차트 9-6에서 아크맛의 주가와 주가의 KST, 상대강도, 상대강도의 KST 모두가 강세로 돌아서며 매수신호를 냈음을 볼 수 있다. 한 가지 문제가 있다면, 신호가 생성될 때 주가의 KST가 살짝 과매수 상태라는 점이다. KST가 약간 과매수 상태라고 해서 주가 상승이 배제되는 것은 아니지만, KST가 0 아래에 있다가 위로 올라오는 경우처럼 상승여력이 크지는 않다.

시간이 흐르면, 내가 차트 9-7에서 1995년 말 주가가 돌파점보

차트 9-5   아크맛과 세 가지 지표(1990~1997년)

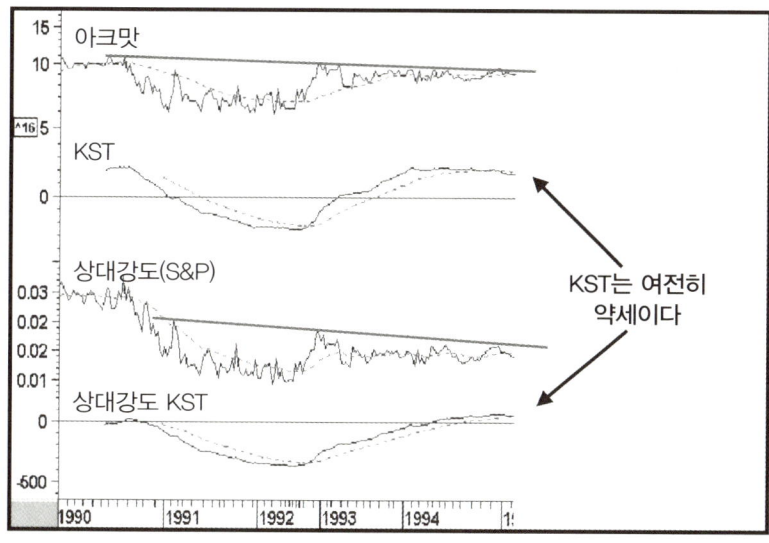

(출처: pring.com)

차트 9-6   아크맛과 세 가지 지표(1990~1997년)

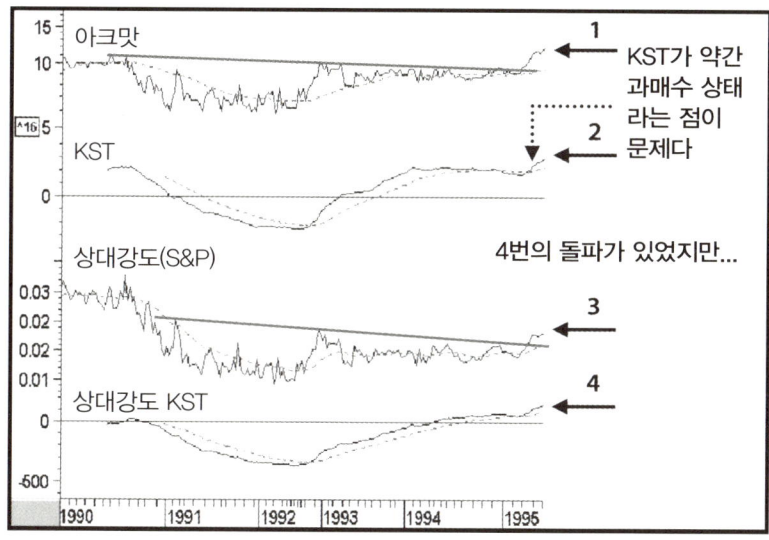

(출처: pring.com)

다 그다지 높지 않다고 한 의미가 무엇인지 알게 될 것이다. 또한, 상대강도선은 지수이동평균 아래로 떨어졌고, 상대강도의 KST는 지수이동평균을 이탈하면서 매도신호를 냈다. 주가는 조금 상승했지만, 상대강도의 추세는 실망스럽다. 약간 과매도 상태에서 나온 KST 매수신호 뒤에 항상 이와 같은 약세 움직임이 따라온다고는 할 수 없다. 사실 어떤 종목이 초장기 상승추세에 있을 때는 이런 신호 뒤에도 매우 강한 상승세를 보인다. 그러나 KST가 약간 과매수 상태에 있다는 것은 다음 매도신호까지 상승여력이 크지 않다는 것을 의미한다. KST가 0 아래에 있고 다른 조건이 동일하

차트 9-7 아크맛과 세 가지 지표(1990~1997년)

(출처: pring.com)

다면, 주가는 훨씬 더 큰 상승여력을 갖는다.

다음은 차트 9-8 오하이오 손해보험Ohio Casualty을 보자. 이 차트를 보면, 매수신호를 받은 후에라도 상황을 계속 주시해야함을 알 수 있다. 시장은 언제든지 마음을 바꿀 수 있고, 또 실제로 변하기 때문이다. 주식을 처음 매수했을 때와 비교했을 때 기술적 위치가 달라졌다면, 그 주식을 계속 보유해야 할 이유가 있을까? 1995년 초 주가와 상대강도의 KST가 모두 0 근처에서 상승하기 시작하면서, 오하이오 손해보험은 기술적으로 더 없이 좋은 국면에 있는 것처럼 보인다. 주가는 하락추세선을 상향 돌파하고 상대강도선 역

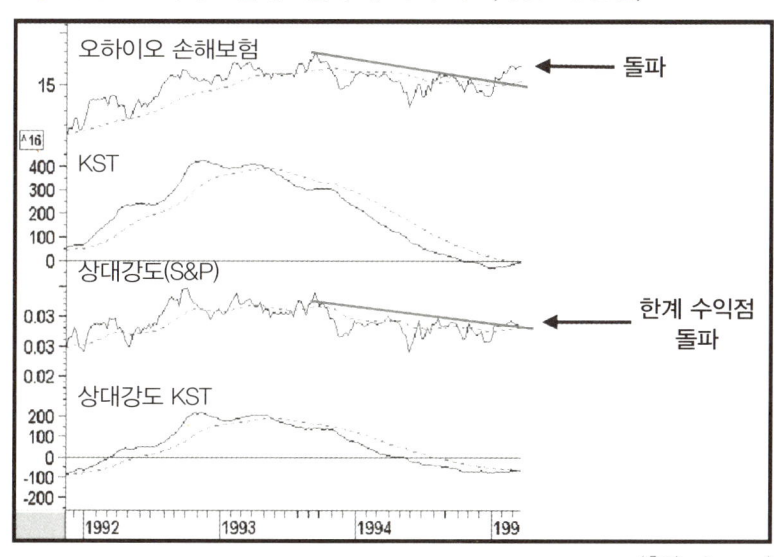

차트 9-8 　오하이오 손해보험과 세 가지 지표(1991~1997년)

(출처: pring.com)

시 추세선을 살짝 돌파한다. 그러나 차트 9-9를 보면 상대강도의 돌파는 지속되지 않는다. 사실 상대강도의 KST는 결코 강세로 돌입하지 못했으며, 주가는 하락추세선의 연장인 지지선까지 떨어졌다. 주가의 추세는 여전히 상승세에 있지만, 상대강도의 약세는 더 나은 투자처가 있다는 것을 알려준다. 이후 주가의 돌파가 나타나며, 주가의 KST와 상대강도의 KST 모두가 상승한다. 그러나 상대강도선은 다시 그려진 하락추세선 위로 올라오지 않는다.

다른 손해보험사인 올드 리퍼블릭Old Republic은 1995년 초 주가와 상대강도가 추세선을 돌파한다(차트 9-10). 그 시점에서 주가와

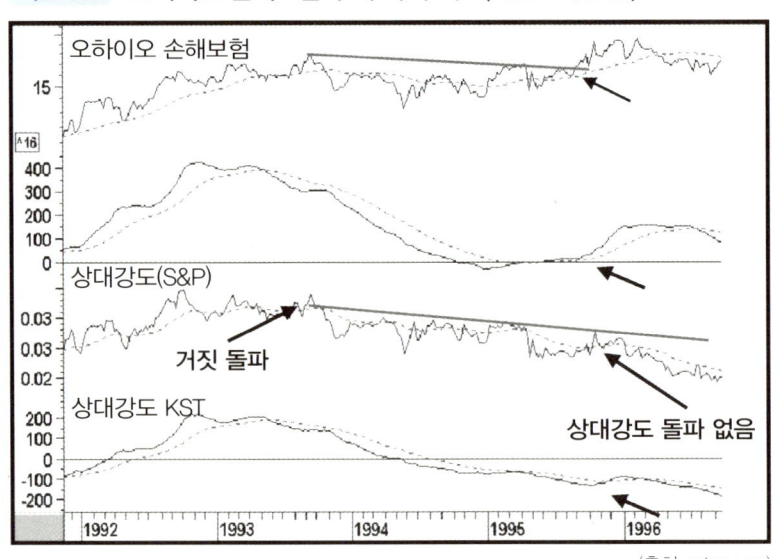

차트 9-9 오하이오 손해보험과 세 가지 지표(1991~1997년)

(출처: pring.com)

차트 9-10 올드 리퍼블릭과 세 가지 지표(1992~1997년)

(출처: pring.com)

상대강도의 KST는 여전히 약세였다. 그러나 점차 안정되기 시작했고, 0 수준 가까이에 이르렀다. 따라서 주가와 상대강도의 추세선 돌파는 하락 모멘텀이 계속되지 않을 것임을 나타냈고, 두 개의 KST 매수신호가 예상되었다. 그리고 실제로 두 KST가 매수신호를 냈다. 상대강도선이 하락추세선을 연장한 지지선까지 하락할 때조차도, 상대강도의 KST는 여전히 강세를 유지했다(차트 9-11). 1996년에 접어들면서 올드 리퍼블릭은 계속 수익을 냈지만, 상대강도선이 편평해지면서 시장의 실적에 동조했다. 그러나 이 기간 중 다른 주식으로 갈아타기 위해 이 주식을 정리할 강력한 증거는

차트 9-11 올드 리퍼블릭과 세 가지 지표(1992~1997년)

(출처: pring.com)

보이지 않는다. 1996년 봄과 여름에 이르자 상황이 조금 미심쩍어지지만, 이때까지 1년 동안 주가가 상승했고 상대강도 역시 적절했으므로 1995년 초의 매수신호는 옳았다.

마지막으로 XL 캐피탈을 보자(차트 9-12). 1995년 초, 이 종목은 KST의 든든한 지지를 받으면서 주가와 상대강도가 모두 추세선을 돌파했다. 그리고 1996년 중반까지 주가와 상대강도선이 급반등했다(차트 9-13). 이는 우리의 목표인 9개월을 초과 달성한 것이다. 1996년 중반 이후 주가와 상대강도선은 추세선을 이탈하지만, 주가와 상대강도의 KST는 전혀 약세를 보이지 않는다. 따라서 혼합

차트 9-12 XL 캐피탈과 세 가지 지표(1993~1998년)

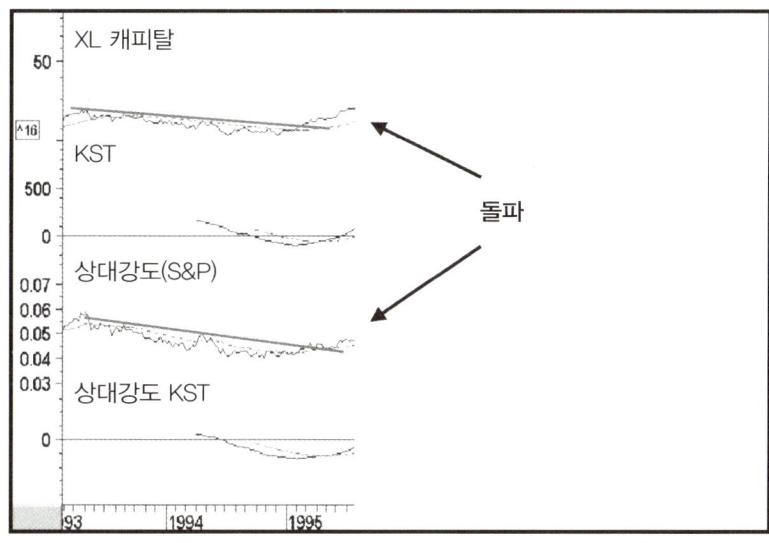

(출처: pring.com)

차트 9-13 XL 캐피탈과 세 가지 지표(1993~1998년)

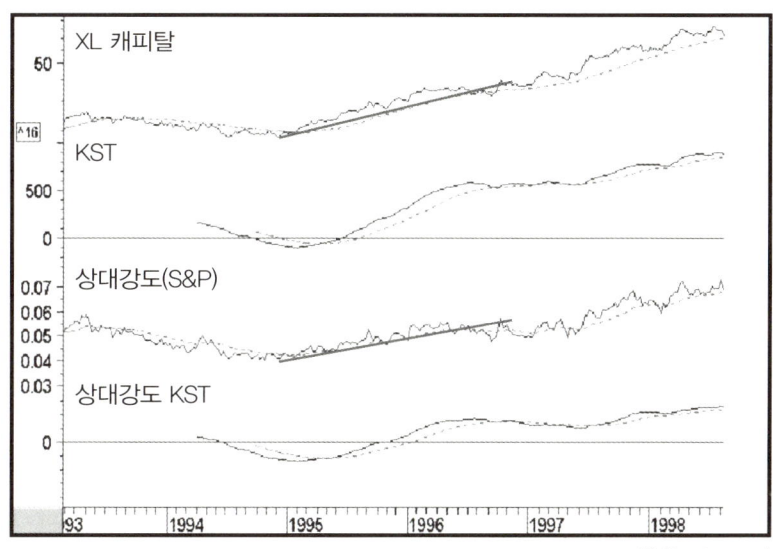

(출처: pring.com)

제9장 주요 변곡점에서 업종 및 종목 선정하기 175

된 신호들이 나타난다. 이러한 동향은 이후 2년 동안 꽤 강하게 지속되었다. 그러나 추세선 이탈지점에서 매도했다면, 원래 투자목표를 달성했으므로 완벽한 타이밍이었다고 할 수 있다.

● 증권주

강세장에서는 증권업종의 수익이 늘어나는 경향이 있다. 이자율이 하락하기 시작할 때 전형적으로 강세장이 시작되기 때문이다. 증권 업자들이 포트폴리오에서 주식 비율을 늘리면, 비용이 줄어들고 이는 곧바로 순이익에 반영된다. 또한 약세장에 비해 강세장에서는 거래량과 IPO^{initial public offering}*가 훨씬 늘어나므로, 수수료와 인수수수료 역시 상승한다. 따라서 증권주는 고점과 바닥 모두에서 시장을 선도한다.

차트 9-14를 보면, 1995년 초 S&P 증권주의 주가와 상대강도 모두 추세선을 상향 돌파한다. KST는 여전히 하락세지만, 추세선의 상향 돌파는 하락 모멘텀이 소실되고 있고 KST의 반전이 임박했다는 신호다. 이 업종은 십중팔구 이런 움직임을 따르지만 개별 종목은 과연 어떨까? 메릴린치는 증권주 중에서도 가장 대형주다.

---

* 기업에서 자금조달을 원활히 하고, 재무구조를 개선하고, 국민경제가 발전할 수 있도록 기여하기 위해서 자사의 주식이나 경영의 내용을 공개하는 것 - 편집자

차트 9-14 증권업과 세 가지 지표(1992~1996년)

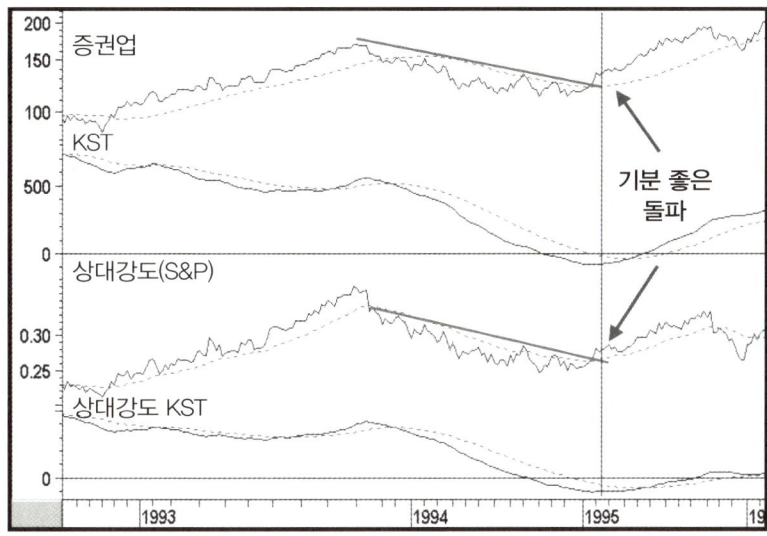

(출처: pring.com)

차트 9-15 메릴린치와 세 가지 지표(1992~1998년)

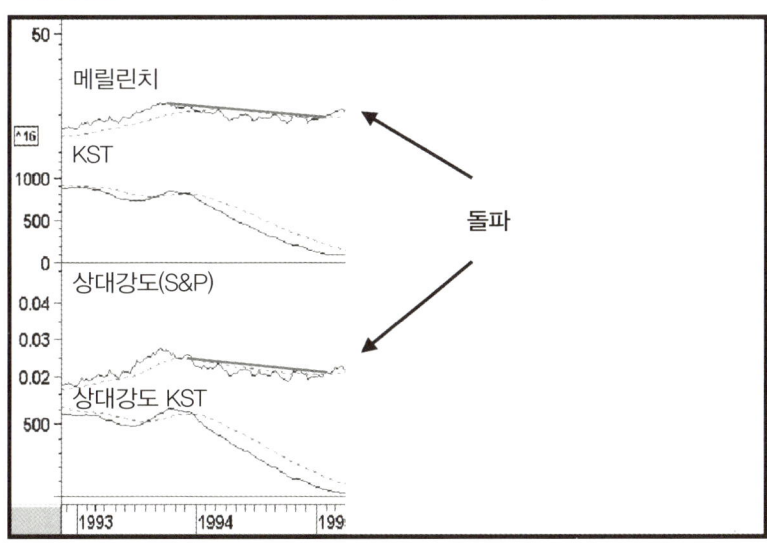

(출처: pring.com)

제9장 주요 변곡점에서 업종 및 종목 선정하기

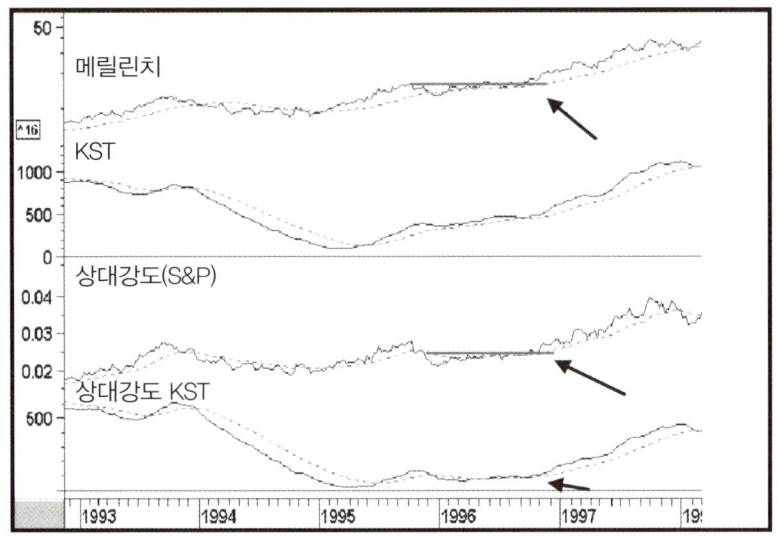

차트 9-16   메릴린치와 세 가지 지표(1992~1998년)

(출처: pring.com)

1995년 초 메릴린치 주가와 상대강도는 추세선 돌파를 경험했다(차트 9-15). 이후 주가와 상대강도의 KST가 매수신호를 냈고, 당연한 일이지만 그로부터 몇 달 동안 메릴린치의 수익률은 시장 수익률을 상회했다(차트 9-16).

안타깝게도, 1995년 가을 약세장에서 상대강도선이 거짓 신호를 내며 타업종으로 갈아탈 것을 지시했다. 메릴린치 주가는 이후 계속 상승하여 전고점을 큰 폭으로 갱신하며 새로운 고점을 기록했기에, 만약 이 휩소에 속았다면 크게 후회했을 것이다. 하지만 만약 휩소에 속았다고 해도, 1996년 후반 주가와 상대강도가 추세

차트 9-17   애드베스트와 세 가지 지표(1992~1998년)

(출처: pring.com)

선을 돌파할 때 재진입할 수 있었을 것이다. 상대강도의 KST 역시 강세를 보였다. 이 시점에서 주가의 KST는 과매수 상태였으므로 거래하고 싶은 강한 유혹을 느꼈을 수도 있지만, 주가는 계속 상승했으므로 매도는 어리석은 짓이다.

1995년 초 애드베스트Advest의 주가와 상대강도선 모두 추세선을 돌파한다(차트 9-17). 이 시점에 주가와 상대강도의 KST 모두가 강세를 보이지는 않지만, 추세 돌파는 이 둘이 곧 그렇게 될 것임을 강력히 예고하고 있다. 차트 9-18이 바로 이 사실을 입증해 준다. 주가는 1996년 초까지 계속 상승해 애드베스트가 탁월한 투자

제9장 주요 변곡점에서 업종 및 종목 선정하기 179

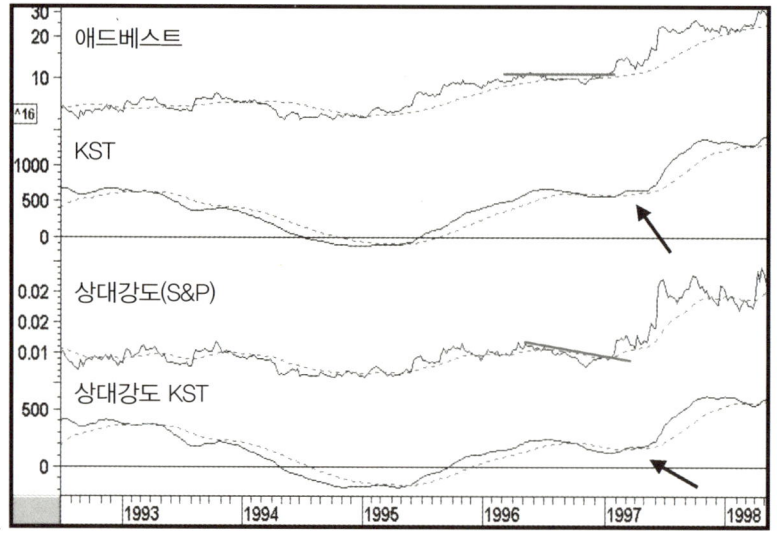

차트 9-18 애드베스트와 세 가지 지표(1992~1998년)

(출처: pring.com)

종목이었음이 드러났다. 1996년 말에야 약세신호가 나타나기 시작하는데, 이 신호는 이례적인 강세장 속의 일시적 조정이었다.

마지막 차트 9-19의 레이몬드 제임스^{Raymond James} 역시 비슷한 움직임을 보이면서 주가와 상대강도가 먼저 추세를 돌파했고, 뒤이어 KST가 긍정적인 신호를 보냈다. 상승추세는 몇 달 동안 이어지다가 주가가 상대강도선의 추세선(점선)을 이탈하고야 말았다(차트 9-20). 메릴린치, 애드베스트와 마찬가지로 레이몬드 제임스 역시 전고점을 훨씬 상회하는 신고점을 기록했지만, 그 당시 두 개의 추세선 이탈은 매도신호였을 것이다.

차트 9-19 레이몬드 제임스와 세 가지 지표(1992~1999년)

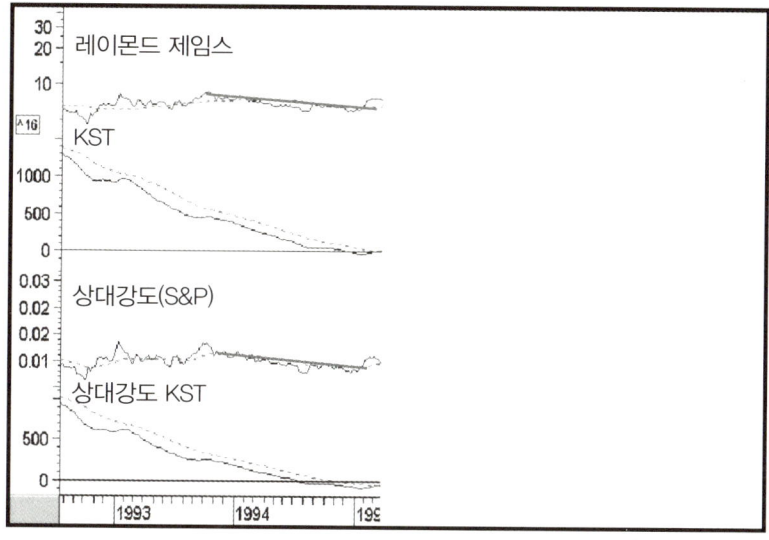

(출처: pring.com)

차트 9-20 레이몬드 제임스와 세 가지 지표(1992~1999년)

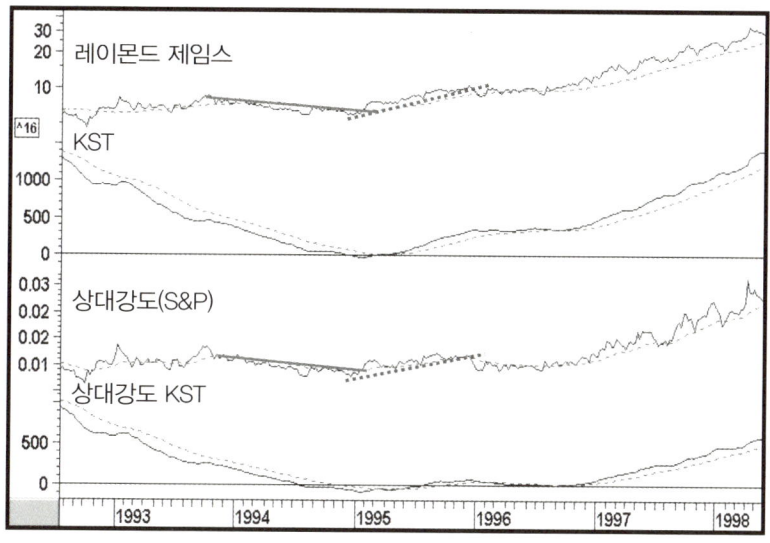

(출처: pring.com)

How to SELECT STOCKS Using TECHNICAL ANALYSIS

chapter **10**

전략적 관계의 변화를 이용하여 순환적 주도주의 변화를 밝히다

❯ 손해보험업종과 알루미늄업종의 상대강도비율

앞서 우리는 강세장의 바닥을 식별했으며, 업종 순환 분석을 통해 장기적인 관점에서 경기 선행업종과 종목 고르는 법을 익혔다. 이제 색다른 기법을 시도해보자. 시장 평균의 아래에서는 주도업종과 후행업종이 주도권을 놓고 끊임없이 다투고 있다는 사실을 이미 배웠다. 강세장의 고점이나 약세장의 바닥 같은 시장의 주요 전환점에서는 주도권의 변화가 일어난다. 그러나 경기 흐름의 한복판에서도 이러한 변화가 일어나기도 한다. 만일 주가로부터 어떤 확신을 얻는다면, 우리는 종목 선정 과정에서 일찍이 주도주를 식별하고 그 추세에 올라타려고 할 것이다.

이번에 소개할 기법은 주도권에서 이러한 장기적 변화가 언제 일어나는지를 알아낸 다음, 수익이 날 확률이 높은 업종과 종목에 집중하기 위해 하향식 접근법을 사용하는 것이다.

이것은 초기 사이클(유동성 견인)업종, 손해보험, 그리고 수익 견인업종과 실적 면에서 관련된 알루미늄업종을 비교함으로써 가능하다. 또한 이 기법은 이들의 상대강도선의 비율을 구해야 하는데, 상대강도선이 실제 주가 비율보다 약간 더 순환적으로 움직이기

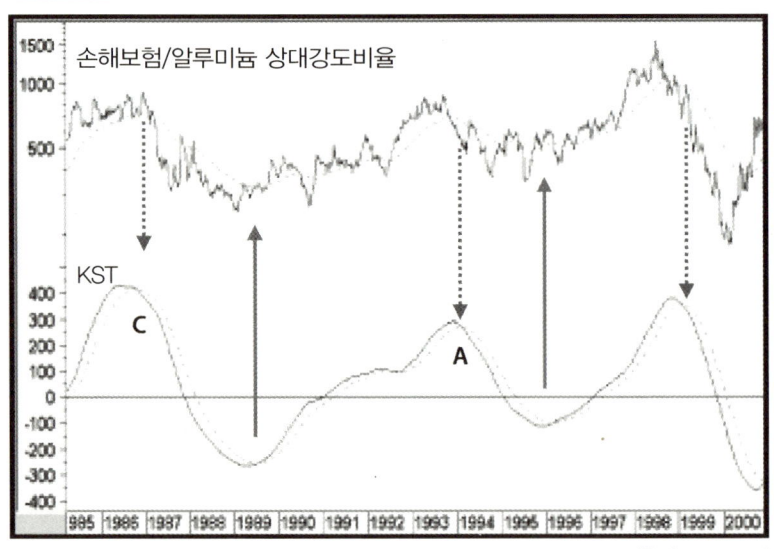

차트 10-1 손해보험/알루미늄 비율과 장기 KST(1985~2000년)

(출처: pring.com)

때문이다. 차트 10-1은 이 비율의 진폭이 상당히 크다는 것을 알 수 있다. 따라서 장기 KST를 아래에 그려 넣었다.

KST 이동평균 교차를 활용하면 주도권 변화에 대한 좋은 신호를 얻을 수 있다. 매도신호는 점선 화살표, 매수신호는 실선 화살표로 표시했다. 이는 어디까지나 상대적인 관계이므로, 이 경우에 매도신호는 알루미늄보다는 손해보험을 매도해야 한다는 의미다. 또한 알루미늄이 상대적으로 손해보험보다 더 나은 매수 기회라는 것이다. 앞서 살펴본 예에서, 1995년 초에는 초기 사이클 주도주들이 강세였다. 그리고 다선보험, 증권업 등등의 업종이 꽤 흥미를 자극했었다. 이제 보험이 매도신호, 알루미늄이 매수신호를 낸 1993년 말의 지점 A를 보자. 알루미늄업종은 수익 견인업종으로 후기 사이클 주도주이므로 우선 이 업종을 분석해보자.

● 후행업종 분석

차트 10-2를 보면 알루미늄지수의 상대강도선이 하락추세선을 상향 돌파했고, 상대강도의 KST 역시 1993년 말 매수신호를 보냈다. 또한 KST와 지수 자체가 하락추세선을 돌파하면서 이를 확인했다. 곧이어 이 돌파에는 추세선의 재시험이 뒤따랐다. 1994년 초와 말에 두 번의 주요한 하락이 일어났으므로, 이 해는 다른 해에 비해 꽤 다른 의미를 갖는다. 하지만 상대강도선은 1995년 늦

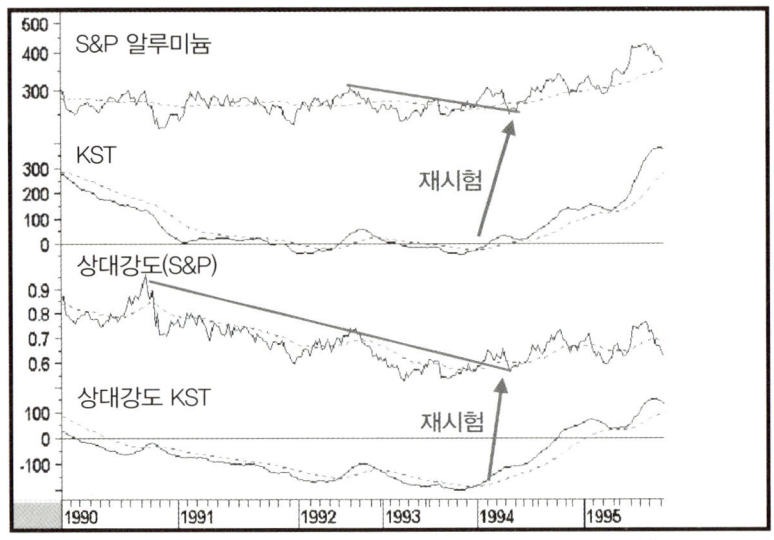

차트 10-2   S&P 알루미늄과 세 가지 지표(1990~1996년)

(출처: pring.com)

봄까지 지그재그를 그리면서 계속 상승했다.

　차트 10-3은 기타 금속지수Miscellaneous Metals Index로, 1993년 말 상대강도선이 추세선을 돌파했고 상대강도의 KST는 매수신호를 냈다. 지수 역시 하락추세선을 상향 돌파했다. 이는 알루미늄보다 오랫동안 형성된 추세 돌파로, 상대강도와 주가가 1994년까지 훨씬 강력한 랠리를 보였다. 지수와 상대강도에 대한 KST의 추세선을 구축하면 당시의 강세에 한층 무게감을 더할 수 있다.

　마지막으로, 다각화 화학제품diversified chemicals을 보자(차트 10-4). 이번에도 상대강도선에서 먼저 추세 돌파를 보이며 매수신호를 이

차트 10-3 기타 금속과 세 가지 지표(1990~1996년)

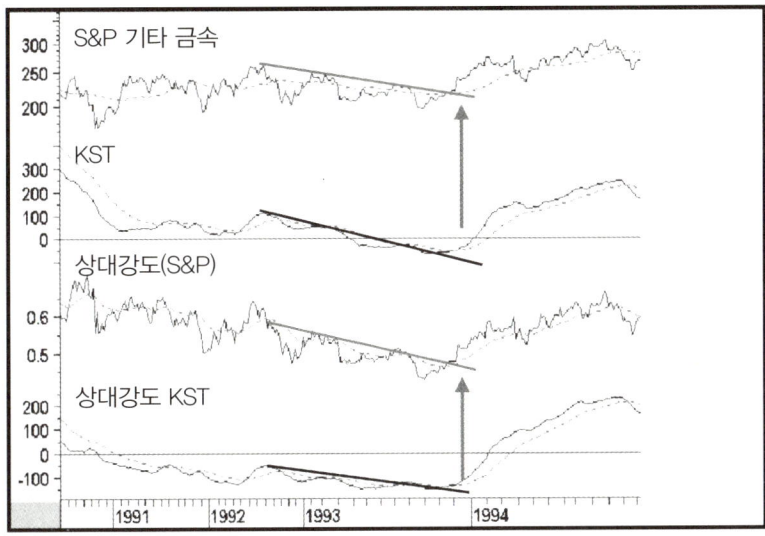

(출처: pring.com)

차트 10-4 S&P 다각화 화학제품과 세 가지 지표(1991~1997년)

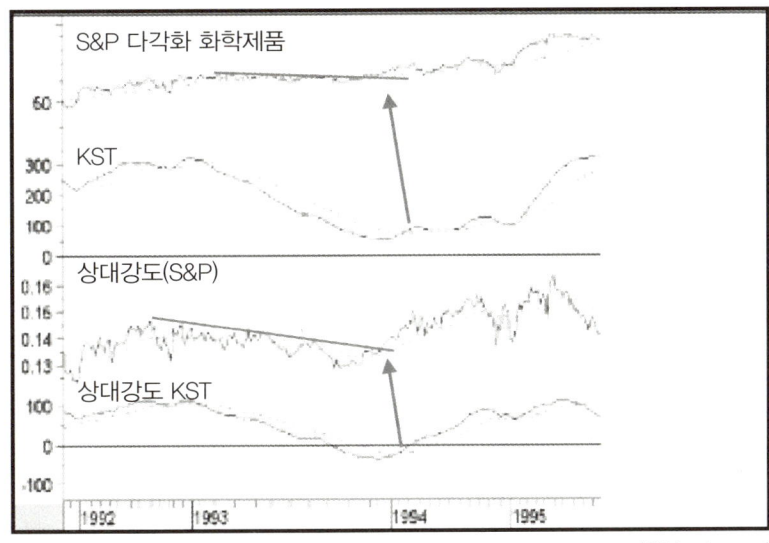

(출처: pring.com)

끌어냈고, 상대강도 KST는 이보다 늦게 강세로 전환되었다. 조금 안타깝지만, 지표가 약간 과매수 상태일 때 KST 매수신호는 발효된다. 비록 그렇다고 해도, 주가와 상대강도의 추세는 이후 2년 동안 모두 호조를 보였다.

● 1986년 후반 후행업종의 신호 - 반도체주

차트 10-1 역시 1986년에 발생한 또 다른 후반 사이클의 상대적

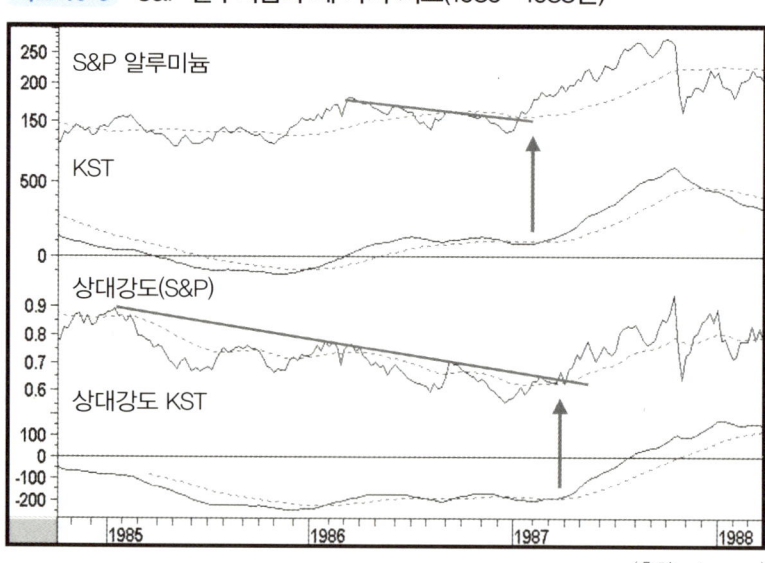

차트 10-5 S&P 알루미늄과 세 가지 지표(1985~1988년)

(출처: pring.com)

신호를 보여준다(C). 이 시점에서 눈길을 끄는 업종이 있는데, 바로 알루미늄이다(차트 10-5). 1986년 말 주가는 추세를 돌파했지만, 상대강도선과 주가, 상대강도의 KST는 1987년 초가 되어서야 이에 동조했다. 즉, 주가와 상대강도선이 모두 지수이동평균을 동시에 돌파하면서 강력한 신호를 발효했다. 그 이후 알루미늄 가격은 1987년 여름까지 급반등했다.

차트 10-6에 나온 화학업종 역시 또 다른 후기 사이클 주도주다. 그러나 이번에는 1986년 후반, 보험/알루미늄 신호가 발효될 시점까지 지수는 과매수 상태에 있었다. 이 신호가 화학업종을 장기 보

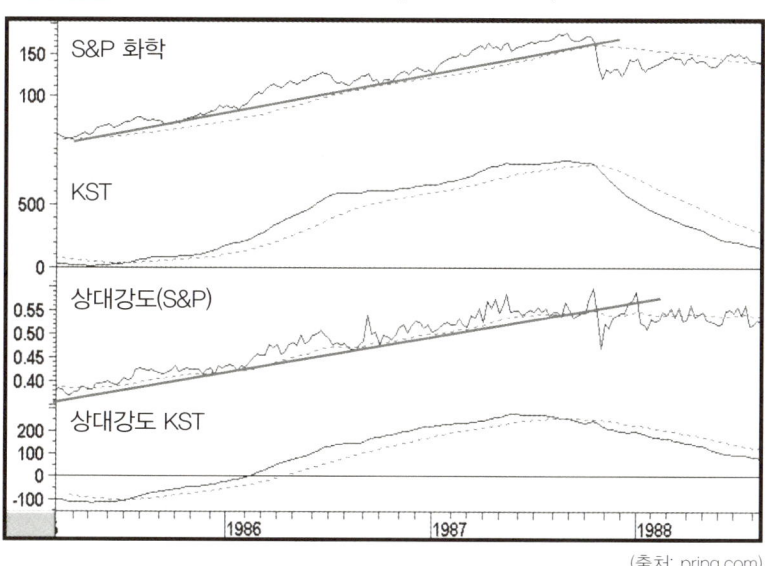

차트 10-6 S&P 화학과 세 가지 지표(1985~1988년)

(출처: pring.com)

유해야 한다는 것을 표시할 시점에 지수와 상대강도의 상승추세는 변함없었다. 그러나 연장된 KST는 새로운 포지션이 상당히 위험하다는 것을 알려주었다. 과연 예상대로 지수는 1년 동안 계속 상승을 이어나갔다.

철강steel은 또 하나의 기간산업 후행업종이다. 그러나 차트 10-7을 보면 두 개의 KST가 더 좋은 매수 기회를 보이는 듯하다. 그러나 1987년 초봄이 되어서야 추세 돌파가 일어났다. 상승까지 시간이 오래 걸리지는 않았지만, 그래도 꽤 큰 폭의 상승이었다.

마지막으로, 기술주를 살펴보자. 이는 후행업종이며, 반도체업

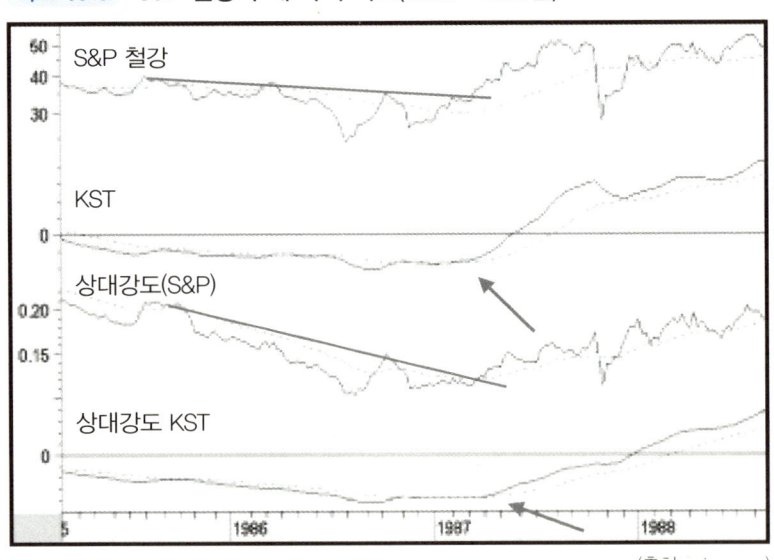

차트 10-7 S&P 철강과 세 가지 지표(1985~1988년)

(출처: pring.com)

종에서 매수신호가 형성되고 있다(차트 10-8). 우선 지수와 상대강도선이 모두 추세선을 상향 돌파했다. 두 개의 KST 역시 미미한 매수신호를 보냈다. 차트 10-9를 보면 급격한 랠리가 8개월 동안 지속되었음을 알 수 있다.

기술업종이 호조라는 것을 확인했다면, 다음 단계로 개별 주식을 살펴보아야 한다. 먼저 차트 10-10에서 텍사스 인스트루먼츠 Texas Instruments를 보자. 최선의 신호는 상대강도선에서 나오는데, 상대강도선이 지수이동평균을 돌파하는 것과 거의 동시에 하락추세선을 건드리면서 신호가 발효되었다. 그리고 주가 역시 추세선

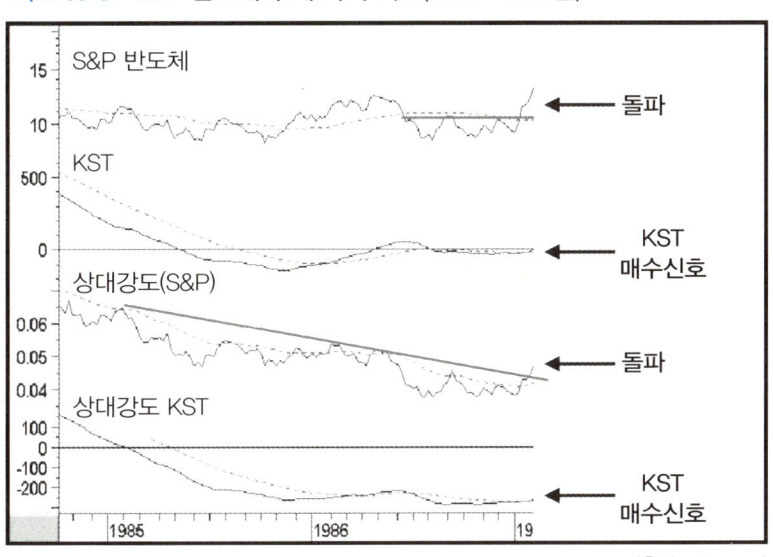

차트 10-8 S&P 반도체와 세 가지 지표(1984~1988년)

(출처: pring.com)

차트 10-9 S&P 반도체와 세 가지 지표(1984~1988년)

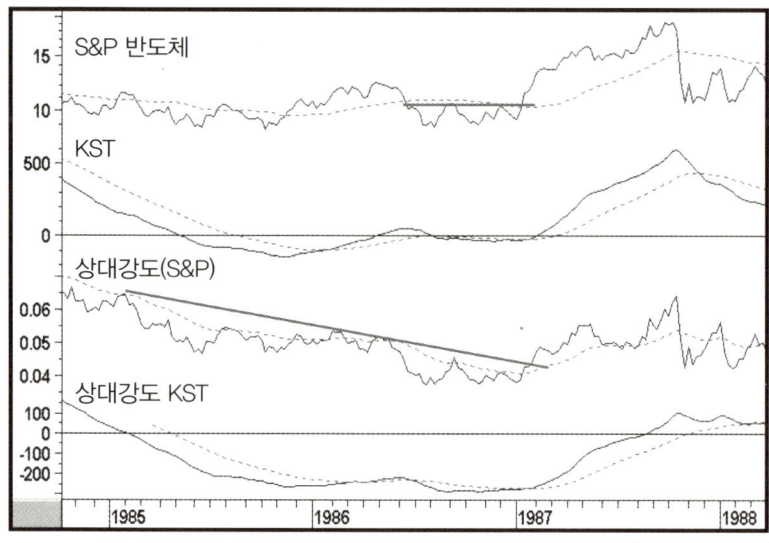

(출처: pring.com)

차트 10-10 텍사스 인스트루먼츠와 세 가지 지표(1983~1989년)

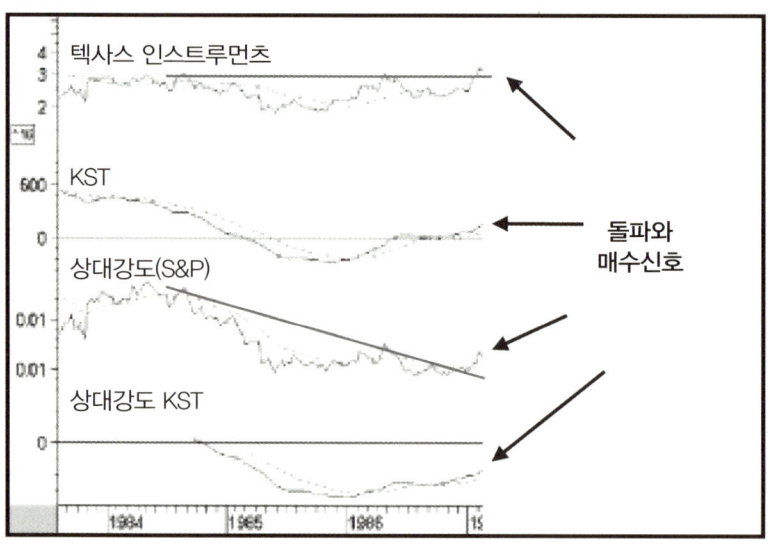

(출처: pring.com)

차트 10-11 텍사스 인스트루먼츠와 세 가지 지표(1983~1989년)

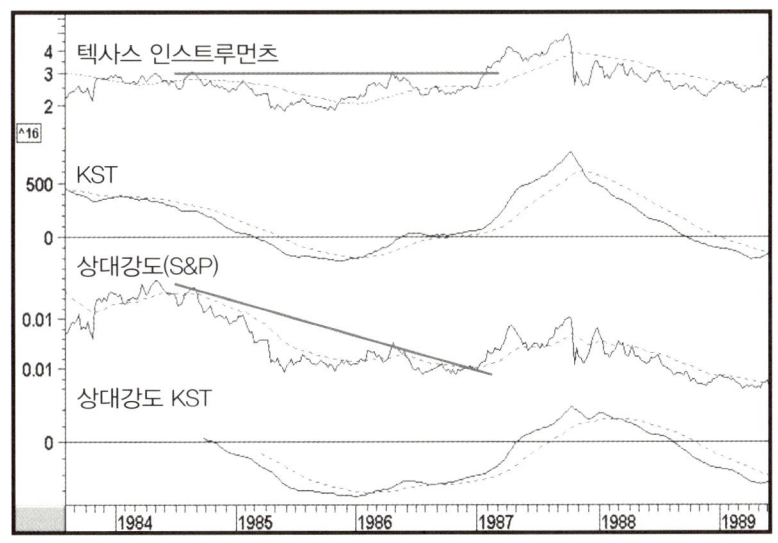

(출처: pring.com)

을 돌파했다. 주가와 상대강도의 KST도 매수신호를 보내며 이에 동조하였으나, 기술적 상황은 긍정적이었다. 이후 텍사스 인스트루먼츠가 1987년 늦여름까지 상승하면서, 이 신호들이 합리적인 매수 기회였다는 것이 밝혀졌다(차트 10-11).

인텔Intel 역시 1987년 말에 좋은 매수 후보로 떠올랐다(차트 10-12). 주가와 상대강도의 하락추세선이 길게 이어지다 이것들이 수차례에 걸쳐 추세선을 건드렸다. 이는 텍사스 인스트루먼츠보다 훨씬 좋은 흐름이 아닐 수 없다. 주가와 상대강도의 KST 역시 매수신호를 보내고 있다. 따라서 인텔주의 상승이 예견되었고, 차트

차트 10-12 인텔과 세 가지 지표(1983~1989년)

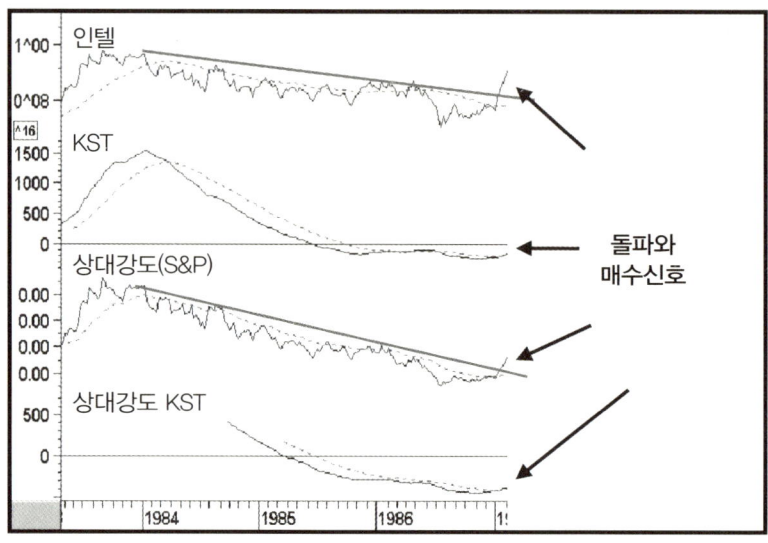

(출처: pring.com)

차트 10-13 인텔과 세 가지 지표(1983~1989년)

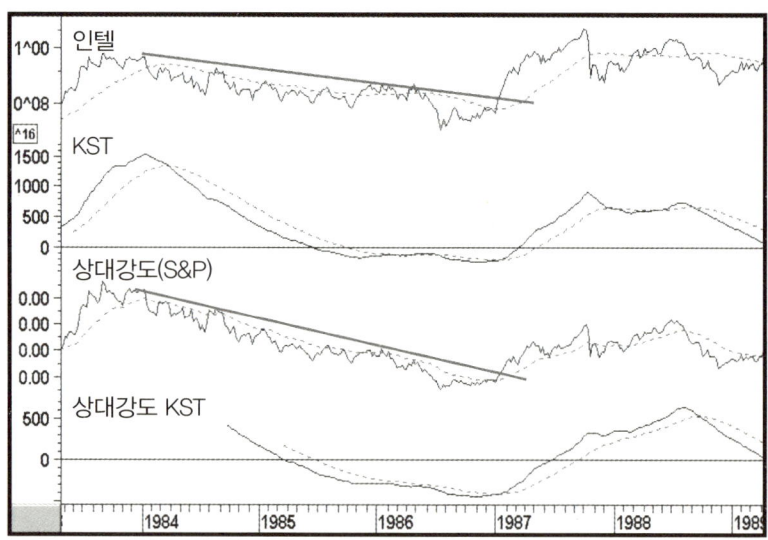

(출처: pring.com)

10-13에서 이 사실이 입증되고 있다.

한 업종의 지수가 기술적으로 호조를 보인다고 해서 그 업종의 모든 주식이 수익을 내는 것은 아니라는 점을 명심해야 한다. 차트 10-14의 어드밴스드 마이크로Advanced Micro를 보면 이를 알 수 있다. 1986년 말 주가가 단기추세선을 돌파했지만, 상대강도선은 단기 하락추세선을 돌파하지 못했다. 주가와 상대강도의 KST가 소폭 상승세로 돌아서고 있으나, 텍사스 인스트루먼츠와 인텔처럼 동조하는 움직임은 없었다. 따라서 1986년 말까지의 증거만 보았을 때, 이 주식이 크게 상승할 확률은 없다. 차트 10-15를 보면 1987

차트 10-14 어드밴스드 마이크로와 세 가지 지표(1984~1990년)

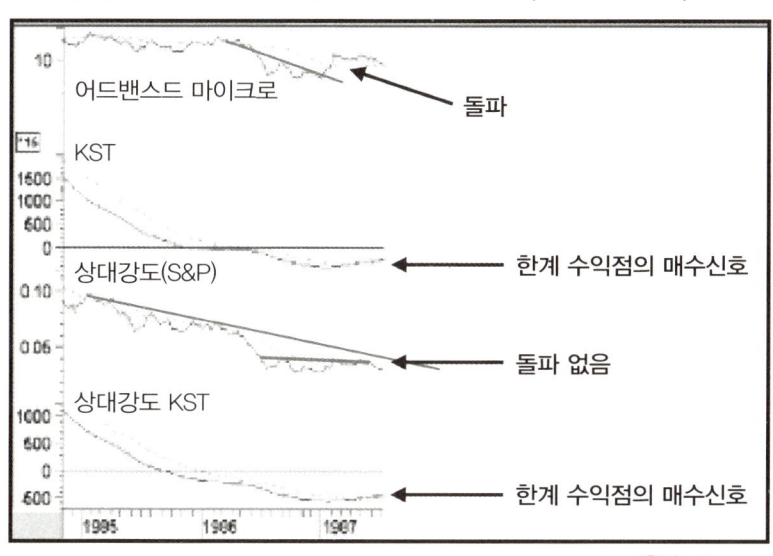

(출처: pring.com)

차트 10-15 어드밴스드 마이크로와 세 가지 지표(1984~1990년)

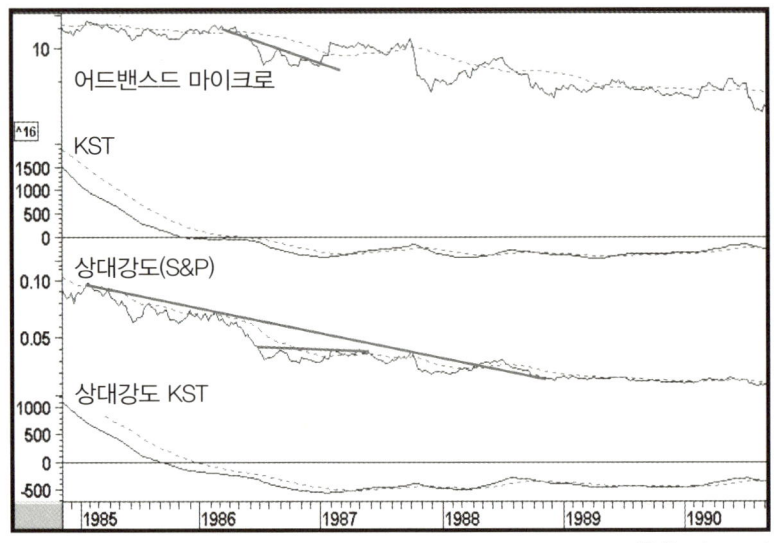

(출처: pring.com)

년 반도체 업종의 주식들이 대부분 상승했지만, 어드밴스드 마이크로는 상승세에 동참하지 못했다는 것이 드러난다.

How to SELECT STOCKS Using TECHNICAL ANALYSIS

chapter 11

장기전망과 단기신호를 결합해 유망 종목 발굴하기 Ⅰ

지금까지는 모든 업종이 비즈니스 사이클을 따라 발달하면서 순항한다고 가정했다. 유틸리티나 금융처럼 이자율에 민감한 업종, 그리고 생산능력의 위축이 최고조에 달하는 사이클의 끝부분에 자리한 민감한 회사들에는 이 원칙이 적용된다. 이 시점이 되면 모든 유형의 소비자들이 가격 인상에 덜 민감하게 되므로, 기간산업, 자원부문 같은 수익견인주들은 재빨리 가격 인상을 꾀하면서 손익계산서 상의 건전성을 강화한다.

그러나 소매업과 일부 제조업 등과 같은 어떤 업종은 비즈니스 사이클의 시작 혹은 끝에 편리하게 들어맞지 않는다. 이를테면 소매업은 대체로 사이클의 끝에서는 주도업종으로 부상하지 않지만, 사이클의 시작과 중반에는 시장을 주도한다. 더욱이 사이클의 특정 구간에서는 대체로 주도업종이 시장을 주도하고 후행업종이 소외되지만, 후행업종도 특정 환경이 마련되거나 평소와 다른 요소가 끼어들면 이에 영향을 받아 예외를 보인다. 이를테면 담배는 사이클 시작 부분에서는 주도업종이 되지만, 여론의 압박으로 정부 정책에 변화가 오면 담배 관련주들의 순항에는 심하게 제동이 걸릴 수 있다. 또한, 광업 관련주들은 사이클의 끝부분에서 시장을 주도하지만, 앞선 사이클의 잉여분이 생산능력 과잉을 초래하면 비금속$^{base\ metal,\ 卑金屬}$의 가격 상승을 억제할 수 있다.

어떤 경우든 이런 업종들의 장단점을 분석하는 능력은 중요하다. 우리는 앞에서 어떤 증권의 주추세의 방향을 포착하는 능력이 얼마나 중요한지 논의했다. 더 장기간 투자하는 트레이더나 투자자들이 주추세의 방향을 알아야 되는 것은 자명하나, 단기 트레이더 역시 마찬가지다. 국가 경제가 성장하면 그 여파는 모든 경제 분야에 미치며, 똑같은 원리가 시장에도 적용된다. 주요 강세장에서 단기 매수신호는 대체로 수익을 낳는다. 같은 이유로, 강세장의 매도신호 뒤에는 밀집이 나타나거나 가격하락이 일어나지 않는다. 약세장에서는 같은 원리가 반대로 적용된다. 즉, 주요 약세장의 단기 매도신호는 대체로 수익을 낳는 반면, 매수신호는 밀집이나 휩소로 이어진다. 그리고 반드시 이해하고 넘어갈 점은, 만약 휩소가 발생하면 언제나 추세 반대방향으로 일어난다는 사실이다.

반복하자면, 주추세는 짧게는 9개월, 길게는 2년 이상 지속된다.

내가 생각하는 해결책은 시장에서 게릴라 전법을 사용하는 것이다. 이 말은 모든 주식이나 업종의 장기추세에서 일어나는 모든 전환을 식별하려는 것은 좋은 방법이 아니라는 뜻이다. 대신 방향전환이 분명한 전환점으로 보이는 상황을 찾아내야 한다. 두 가지 예를 들어보겠다. 퍼스트메리트 사First Merit Corp.의 차트 11-1을 보자. 주가가 저점에서 50% 상승하기 전까지는 반전을 예고하는 뚜렷한 증거가 없었다. 주가와 65주 지수이동평균 교차에 하락추세선을 그을 수 있었지만, 이것만으로 장기추세의 반전을 예고하기

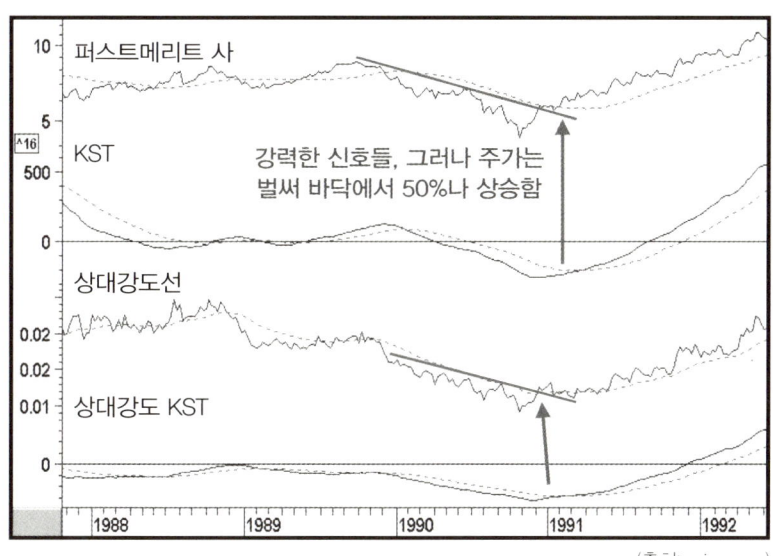

차트 11-1 퍼스트메리트 사와 세 가지 지표(1987~1992년)

(출처: pring.com)

에는 불충분하다. 이후 주가와 상대강도의 KST가 긍정적 신호를 보내면서 추세 돌파를 확증한다. 이제 우리가 원하는 증거에 점점 더 가까이 가고 있다. 그러나 주가가 더 상승하여 상대강도선이 바닥을 돌파하고서야 필요한 증거가 확보된다(차트 11-2). 문제는 주가가 저점 테스트에 성공해 저점과 고점을 동시에 높이는 때가 없다는 점이다. 추세전환의 결정적인 증거는 상대강도가 바닥을 완전히 다진 후에 나온다. 상대강도선이 바닥을 완성한 뒤에야 주요 추세의 방향은 상승세가 되었고, 단기 매수신호로 롱 포지션 진입 여부를 따질 수 있다. 어쨌든 이 시점에서 주가와 상대강도의 KST

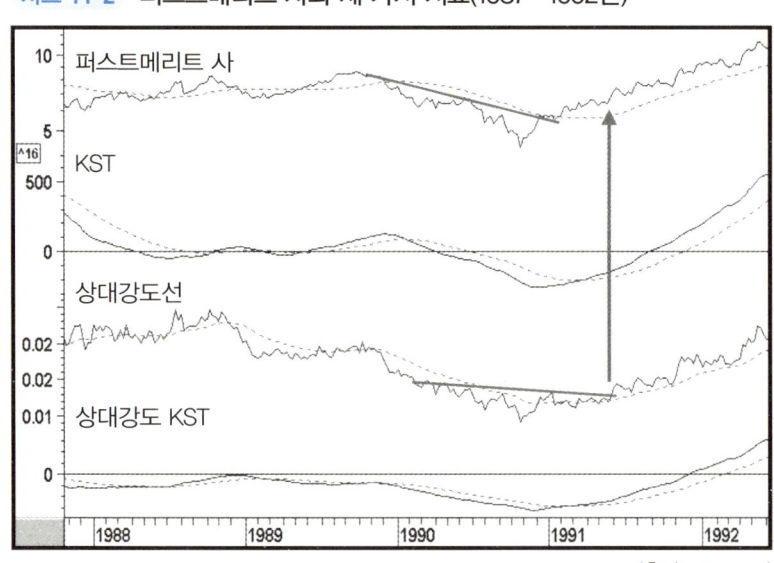

중 어느 것도 기간이 연장되지 않았다. 요약하면, 주가추세는 장기적인 관점에서 반전되었지만, 실제 반전을 식별할 수 있는 변곡점에 가까운 충분한 증거는 없었다.

이 상황을 차트 11-3 제너럴모터스의 고점과 비교해보자. 수직화살표에서 가장 먼저 주목해야 할 것은 상대강도선이 고점을 완성한다는 사실이다. 상대강도선의 고점과 저점이 동반 하락하고 있다는 것은 의심할 여지가 없다. 이 지점에서 주가 역시 65주 지수이동평균 아래로 떨어진다. 곧이어 주가와 상대강도의 KST 모두 지수이동평균 아래로 교차한다. 그리고 주가 역시 상승추세선

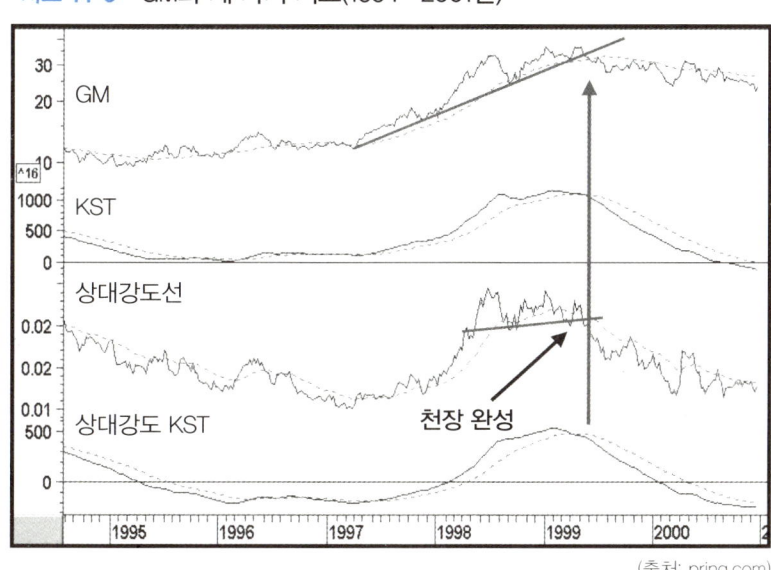

차트 11-3   GM과 세 가지 지표(1994~2001년)

(출처: pring.com)

차트 11-4   GM과 세 가지 지표(1994~2001년)

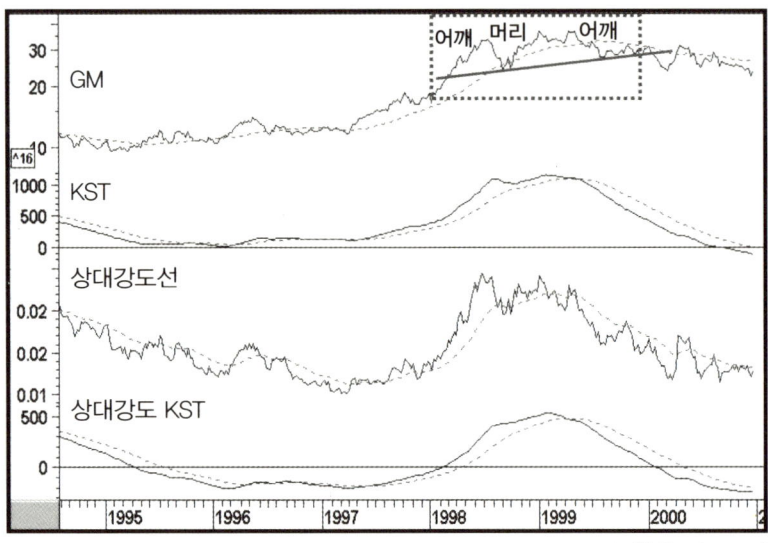

(출처: pring.com)

차트 11-5   GM과 고점, 저점의 반전

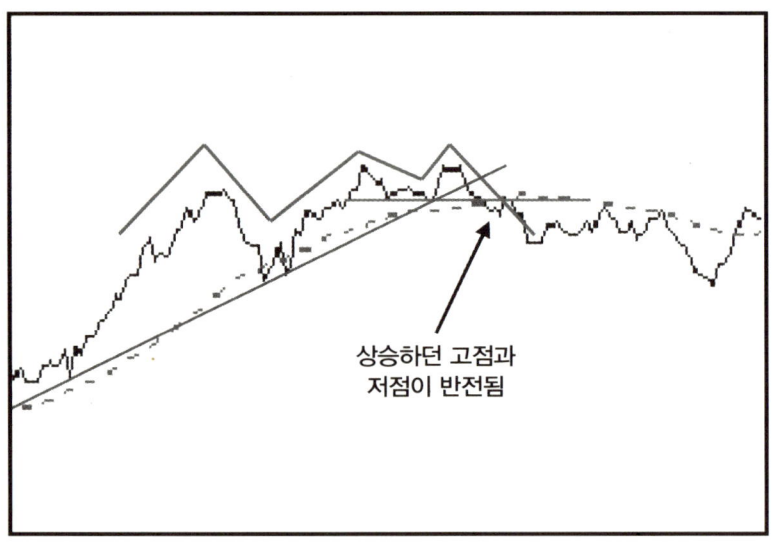

(출처: pring.com)

과 65주 지수이동평균을 이탈한다. 그 밖의 증거가 필요하다면 1999년 말 상승형 머리어깨가 완성되는 것을 살펴보라(차트 11-4). 차트 11-5는 차트 11-4의 직사각형으로 표시한 부분을 확대한 것이다. 바로 이 부분에 주추세 반전에 관한 충분한 증거가 있기 때문이다. 이 지점에서 KST는 약세로 돌아서고 상대강도는 고점을 완성하며, 주가는 상승추세선을 이탈한다. 차트 11-5의 상승추세선은 차트 11-3에 그렸던 선의 끝부분을 나타낸다. 실선으로 그린 지그재그는 상승하는 고점과 저점을 대략적으로 보여준다. 그리고 수평선은 고점과 저점이 동반 하락하는 새로운 추세가 시작되는 지점을 가리킨다. 따라서 모든 상황은 추세가 반전되어 GM이 약세로 돌아섰다는 것을 강하게 주장한다. 지금부터는 공매도를 위해 단기 지표들로부터 기회를 엿보아야만 한다.

 몇 가지 예를 살펴보았으므로 이제 장기추세의 반전이라고 결론을 내리기 전에 확인해야 할 사항들을 요약해보자.

1. 가장 먼저 절대적, 상대적인 가격의 추세선 돌파, 그리고 (또는) 장기 이동평균 교차를 살펴라. 이 경우 약 1년과 4분의 1을 더한 기간인 65주 지수이동평균을 추천한다. 가장 중요한 것은, 이동평균을 활용하려면 어떤 시간단위를 쓰던 적어도 3~4년의 기간을 돌이켜보면서 시간단위가 정말 신뢰할 만한지 확인해야 한다.
2. 신호의 확률과 유효성을 높이려면 고점-저점 진행에서 반

전을 알아내도록 노력하라. 예를 들어, 하락추세에서는 바닥이라고 추정되는 곳을 처음 벗어나 반등 지점에 도달한 뒤, 이어서 주가가 새로 되찾은 고점을 향해 움직이는지 확인해야 한다.

3. 장기 KST가 수평으로 눕거나 실제로 반전하는지 확인하라. KST가 수평이 되고 주가는 추세선을 이탈하면, KST는 반전될 확률이 높다.

4. 관심 업종이나 주식이 선행하면(즉, 유동성 견인업종이면) 혹은 관심 업종이나 주식이 후행하면(즉, 수익 견인업종이면), 그 부분의 다른 지표들도 비슷한 동향을 보이는지 확인하라. 선행업종이면 후행업종의 상대강도와 상대모멘텀이, 후행업종이면 선행업종의 상대강도와 상대모멘텀이 반대로 움직이고 있는지 확인하라. 금융주에 관심을 두고 있다면 기타 금융과 유틸리티업종이 순항하고 있는지 살펴보라. 그런 후에 이를테면 광업주의 상대강도가 하락하고 있는지 살펴보라. 기술주 등도 점검해야 한다. 대다수의 사례에서 모든 주도업종이 순항하고 모든 후행업종의 상대강도가 약세인 것은 아니지만, 대부분의 시간동안 업종의 대다수는 일관된 움직임을 보인다.

5. 주식이나 업종의 주가가 상당 수준 상승한 뒤 장기추세 반전이 포착되면, 이 주식이나 업종은 버리고 다른 곳으로 눈을 돌려라. 이후 그 주식이나 업종이 과매도가 되어 단

기 혹은 중기 매수신호를 생성하면, 바로 그때 행동을 개시하라.

How to SELECT STOCKS Using TECHNICAL ANALYSIS

chapter 12

장기전망과 단기신호를 결합해 유망 종목 발굴하기 II

❯ 단기 매수신호 생성

단기 매수신호를 생성하는 방법은 아주 다양해서 모두 다루기는 어렵다. 사실 누구도 단기 매수신호를 만드는 모든 방법을 다 파악하기는 힘들다. 내가 하려는 것은, 수많은 주식을 스캔할 수 있는 몇 가지 기법을 살펴보려는 것이다. 스캔 후 특정 주식이 떠오른다고 해도 무턱대고 매수하면 안 된다. 그것이 매수할 만한 충분한 이유는 아니기 때문이다. 스캔의 목적은 일정한 기술적 요건에 맞는 주식을 걸러내어 보기 위함이다. 이동평균 교차를 스캔한다고 가정해 보자. 차트 12-1를 보면, 베스트 바이Best Buy가 이동평균을 상향 교차했다. 기법을 이용해 스캔했다면 베스트 바이가 이동평균 교차종목으로 선별되었을 것이다. 그러나 이동평균 교차는 추세가 상승 반전했다는 한 가지 증거일 뿐이다. 이동평균을 상향 교차했더라도 약세장이거나 혹은 과매수 상태일 수도 있다. 이번이 바로 그런 경우다. 차트 12-2를 보면 이동평균 교차에 매수했다면 엄청난 재앙에 빠졌으리라는 것을 당장 알 수 있다. 자세히 살펴보면 이동평균 교차 시 주가의 오실레이터가 과매수 상태였다. 따라서 이동평균 상향 교차라는 한 가지 증거는 주가 오실레이터

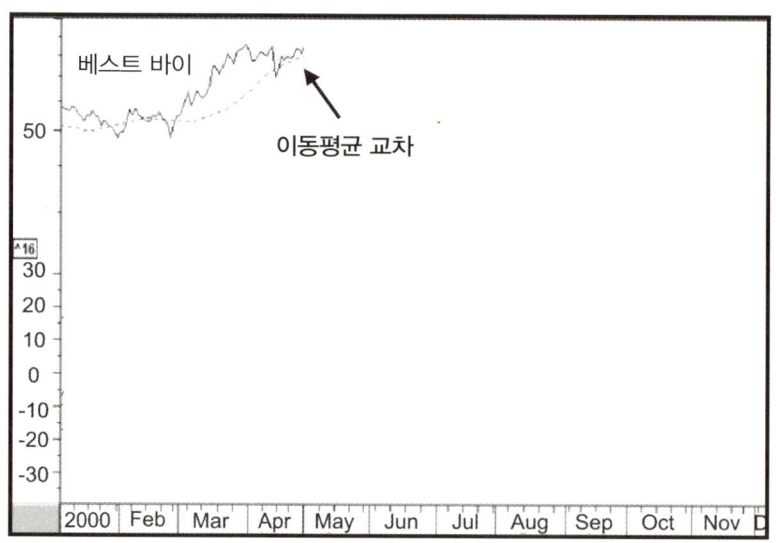

차트 12-1 베스트 바이와 이동평균 교차, I

(출처: pring.com)

차트 12-2   베스트 바이와 이동평균 교차, II

(출처: pring.com)

의 기술적 포지션과 전적으로 모순된다.

스캔의 목적은 매수 후보에 오를 수 있는 종목을 알려주는 것이다. 다시 말해, 스캔은 단지 이후에 이루어질 조사의 출발점으로 종목을 걸러내는 역할을 할 뿐이다. 단기 기준을 활용해 스캔하기에 앞서 장기 기준을 통해 스캔하기를 강력히 권한다. 주추세가 상승하고 장기 관점에서 추세가 지나치게 오래 지속되지 않았다면, 그때는 남은 주식들을 단기 스캔하라. 만약 공매도를 생각하고 있다면, 이와 반대로 하는 것이 약세에 옳은 길이다.

두 번째로 중요한 것은, 스캔은 특정한 기술적 조건 혹은 여러 개의 조건만을 보여준다는 것이다. 더 조사하고 싶다면 돌파나 이탈을 기다려야 한다. 스캔으로 돌파 종목을 후보로 골랐더라도, 다른 기술적 기준이 지지하고 있는지 검토해보아야 한다. 이를테면 스캔을 통해 가격 패턴에서 돌파가 일어나면, 거래량이 증가하고 있는지 등을 확인해야 한다. 대부분의 경우 스캔 과정은 그저 출발점일 뿐이다. 다음 단계는 매매를 위해 어떤 조건이 충족되어야 하는지 판단하면서, 이 종목이 훌륭한 후보인지를 입증하는 기술적 증거들을 추가로 찾는 것이다. 그런 다음에야 당신이 거래하는 중개인에게 전화를 거는 것이 옳다.

◉ 단기 과매수, 과매도 환경

한 종목이 과매수 또는 과매도인지 판단하려면, 14일 상대강도지수처럼 들쭉날쭉한 지표보다는 평활 모멘텀지표를 활용하는 것이 좋다. 평활 모멘텀지표의 진폭 역시 휩소가 없지는 않으나, 비교적 안정적이다. MACD를 비롯하여, 주가 오실레이터(하나의 이동평균을 다른 이동평균으로 나누어서 만든 오실레이터), 내가 개발한 KST 또는 평활 작업한 상대강도지수나 변화율 등을 활용할 수 있다. 이들 지표 중 어떤 지표도 항상 적중하지는 않는다. 심지어 신뢰할 수 없는 경우도 종종 있다고 말하고 싶다. 그러나 적어도 출발점으로는 활용할 수 있는 지표들이다.

이 모멘텀 기법으로 매수 기회를 포착하는 가장 유용한 방법은, 오실레이터가 미리 정해진 과매도 수준 아래로 떨어지기를 기다렸다가 다시 0으로 돌아오는 도중에 과매도 수준의 교차를 포착하는 것이다. 그 예로 차트 12-3을 보자. 차트 12-3은 9일 상대강도지수의 8일 이동평균을 활용했다. 이처럼 평활 작업을 하면 대체로 휩소가 생성되지 않는다는 이점이 있다. 또한 과매도 수준으로 상향 교차되기를 기다린다는 것은 대체로 모멘텀이 바닥을 쳤다는 의미다. 어쨌든, 그 밖에 어떤 방법으로 지표는 일단 과매도 상태에 돌입하면 긴 시간동안 머무르지 않는다는 것을 알 수 있을까? 알기

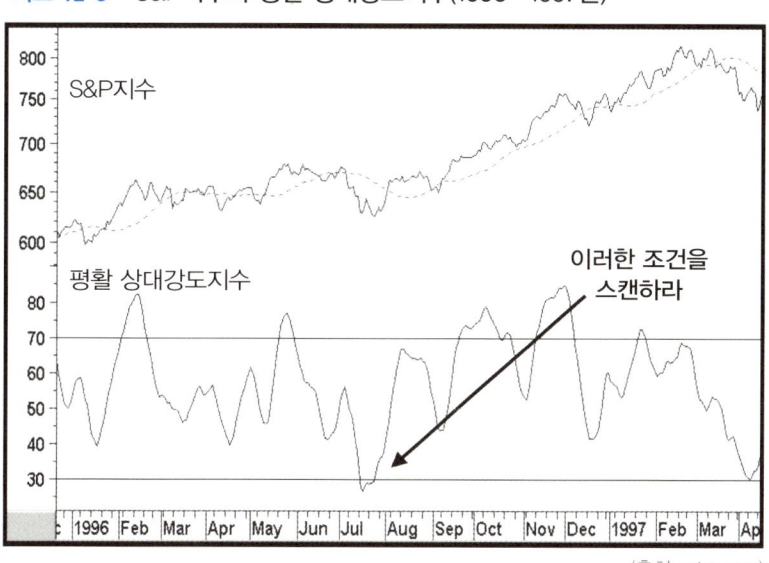

차트 12-3 S&P지수와 평활 상대강도지수(1996~1997년)

(출처: pring.com)

제12장 장기전망과 단기신호를 결합해 유망 종목 발굴하기Ⅱ 213

어려울 것이다. 물론 다시 과매도선 아래로 떨어지지 않으리라는 보장은 없지만, 그럴 확률은 높지 않다. 아마도 강세장에서는 과매도 수준에 있는 종목이 드물기 때문일 것이다. 대체로 강세장에서는 주가가 마치 뜨거운 것에 덴 손가락만큼이나 재빨리 과매도 수준을 탈출한다. 따라서 이런 바닥은 사실 무시할 정도로 작다. 어쨌든 9월에 주가가 더 중요한 추세선 위로 상승하면서 다시 기회가 온다.

이 사례에서는, 70이 넘으면 과매수 영역이고 30 이하이면 과매도 영역이다. 상대강도지수는 최근의 상승과 하락을 평균하여 계산한 모멘텀지표이므로, 이 특정 시간단위를 활용하는 어떤 종목에나 이 과매수, 과매도 영역을 적용할 수 있다. 기간을 길게 잡아 상대강도지수를 산출하면 변동성이 줄어든다. 따라서 30일 상대강도지수처럼 긴 시간단위를 적용했다면 밴드폭을 줄여야만 했을 것이다. 밴드폭을 줄이지 않으면 신호가 거의 생성되지 않기 때문이다. 실례를 찾기 위해 나는 특정일을 골라 스캔했다. 나는 앞서 설명한 원칙과 일치하도록 S&P의 장기 KST가 강세를 보이는 시점을 찾았다. 1996년 여름까지 거슬러 올라가야 했는데, 7월 말 상대강도지수는 내가 찾는 조건에 적합했다. 차트 12-4를 보면 장기 KST가 7월 말에도 여전히 강세를 보이지만 상승장세가 지나치게 오래갔는데, 이는 물론 이상적인 전개는 아니다. 그래서 장기 강세장에서 단기 매수조건을 찾았다. 다음에 나올 차트들은 스캔으로 찾은 S&P500종목들이다.

차트 12-4 S&P지수와 평활 장기 KST(1995~2000년)

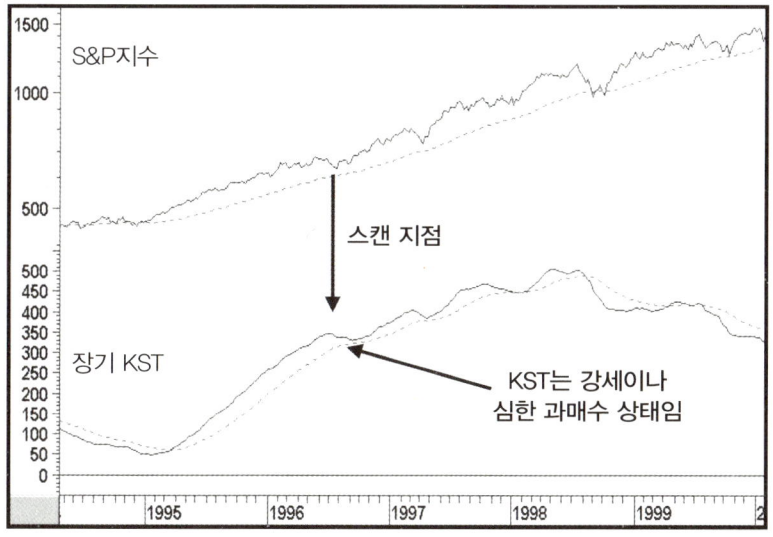

(출처: pring.com)

평활 상대강도지수

S&P의 KST가 지나치게 오랫동안 상승한 이후로 모든 주식이 비슷한 양상을 나타냈다. 차트 12-5는 스캔한 지점에서 에머슨 일렉트릭Emerson Electric의 동향을 보여준다. 주가와 상대강도의 KST 모두 강세를 보이며 주가는 65주 지수이동평균 지지선으로 하락했다. 차트 12-6은 평활 상대강도지수가 과매도 수준을 막 돌파한 지점의 동향이다. 단기 바닥인 A의 고점들을 이어 추세선을 구축할 수 있다. 이것으로 매수하기에는 패턴이 너무 작아 보일지도 모른다. 그러나 이번 스캔의 결과, 이처럼 과매도 수준을 보이는 종

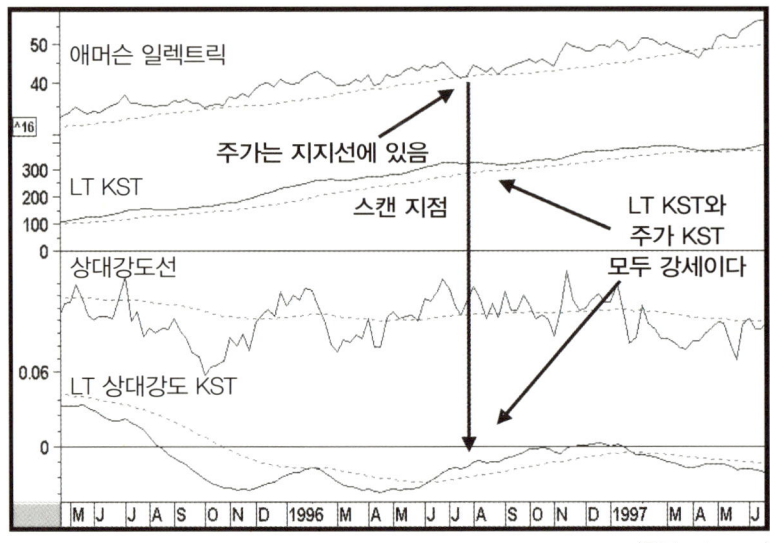

차트 12-5 애머슨 일렉트릭과 세 가지 지표(1995~1997년)

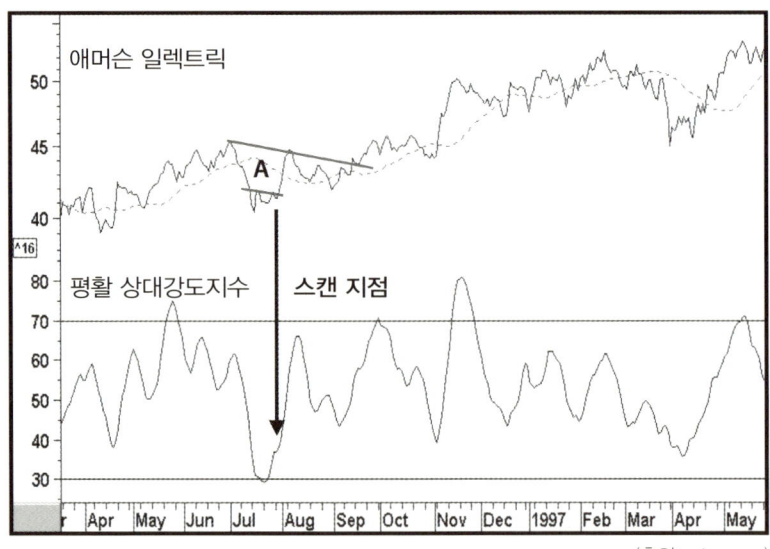

차트 12-6 애머슨 일렉트릭과 평활 상대강도지수(1996~1997년)

목은 많지 않았음을 알게 되었다.

차트 12-7은 스캔으로 포착한 또 다른 종목 서머 일렉트론Thermo Electron이다. 보는 바와 같이, 실선 추세선 위로 돌파한 후 매수할 수도 있었다. 그러나 한동안 횡보를 거듭하다 새로운 저점으로 떨어졌다. 주가가 추세선 아래로 이탈할 때 매도할 수도 있었을 것이다. 그러나 이것은 매우 성공적인 거래가 아니었고, 충분히 이 매매를 피할 수 있었을 것이다. 차트 12-8을 보면 그 이유를 알 수 있다. 수직 화살표는 스캔으로 포착된 지점이다. 매수 기회라기보다는 다음 번 단기 상승을 기다려보는 후보에 가깝다. 왜냐하면 주가

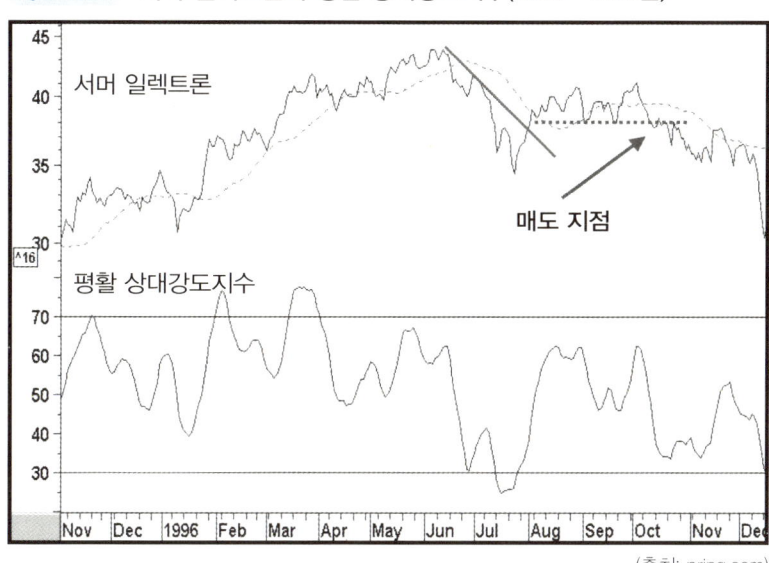

차트 12-7 서머 일렉트론과 평활 상대강도지수(1995~1996년)

(출처: pring.com)

제12장 장기전망과 단기신호를 결합해 유망 종목 발굴하기 II 217

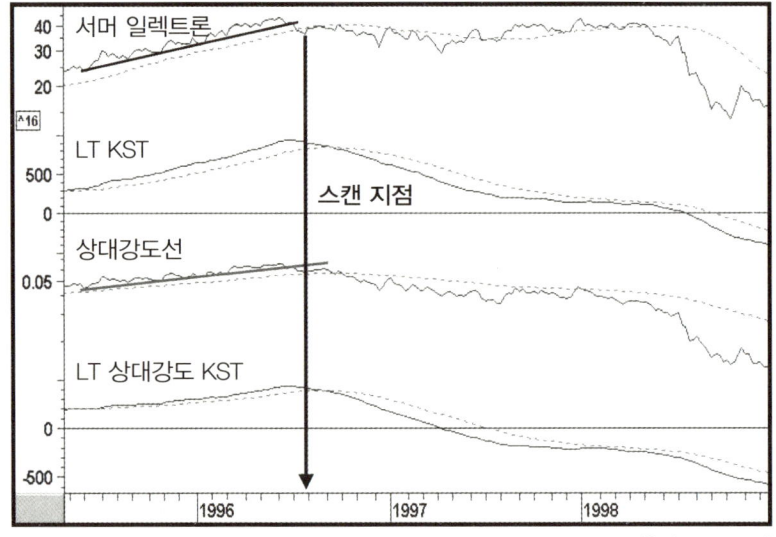

차트 12-8 서머 일렉트론과 세 가지 지표(1995~1998년)

(출처: pring.com)

와 상대강도 모두 주요 상승추세선을 이탈했고, 주가와 상대강도의 KST 모두 하락하고 있기 때문이다.

◐ 유망한 장기추세 찾기

앞선 스캔으로 단기 매매에 적합한 장기추세를 그다지 많이 찾지 못했으므로 이제 더 나은 방법을 모색해야 한다. 그렇다면 같은 시기(1996년 7월 말)에 나타난 유망한 장기추세를 스캔해보는 것은 어떨까?

기법 1은 장기 KST는 200 아래이지만, 26주 지수이동평균 이상인 종목을 스캔하기 위해 선택하는 방법이다. 소프트웨어에 KST 산출 프로그램이 없다면 평활 변화율, MACD 등을 적용하면 된다. 다만 선택한 지표가 장기추세를 적절히 반영하는지, 그리고 휩소가 너무 많이 발생하지는 않는지 점검하기 바란다. 이번 스캔으로 S&P500 종목에서 100개 이상의 후보가 포착되었다.

그러나 첫 번째 스캔으로 포착된 종목들을 면밀하게 살펴야 한다. 차트 12-9에서 센트럴 앤 사우스 웨스트Central and South West를 보

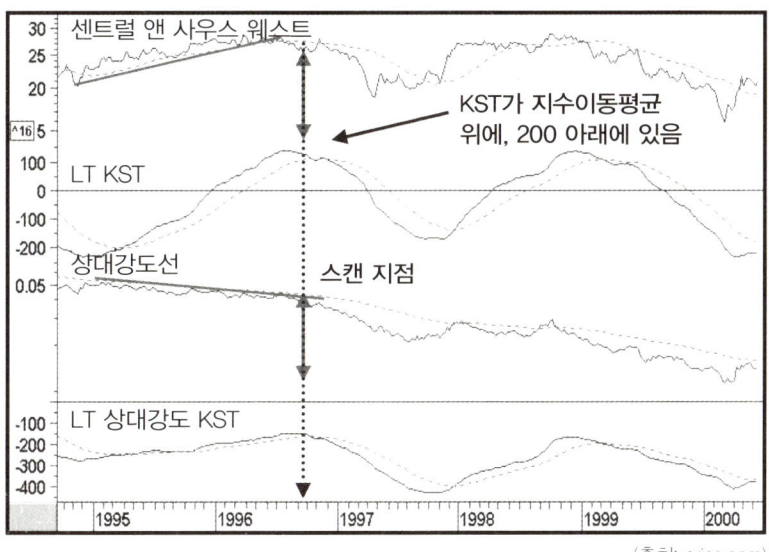

차트 12-9 센트럴 앤 사우스 웨스트와 세 가지 지표(1994~2000년)

(출처: pring.com)

자. KST가 지수이동평균 위, 200 수준 아래에 있어 우리가 정한 기준을 충족하고 있다. 그러나 주가와 상대강도선이 주요 추세선을 이탈하고 있기 때문에, 주가와 상대강도의 KST가 모두 하락하여 매도신호가 거의 확실시되었다.

차트 12-10 브릭스 앤 스트래튼Briggs and Stratton의 스캔 지점을 보면, KST가 역시 지수이동평균 위와 200선 아래에 있다. 하지만 이번에는 상대강도선이 65주 지수이동평균보다 아래에 있으므로 약세다. 또, 상대강도의 KST 역시 지수이동평균선을 밑돈다. 주가는 이 저점에서 반등하기 시작하지만, 상대강도선은 여전히 하락하고

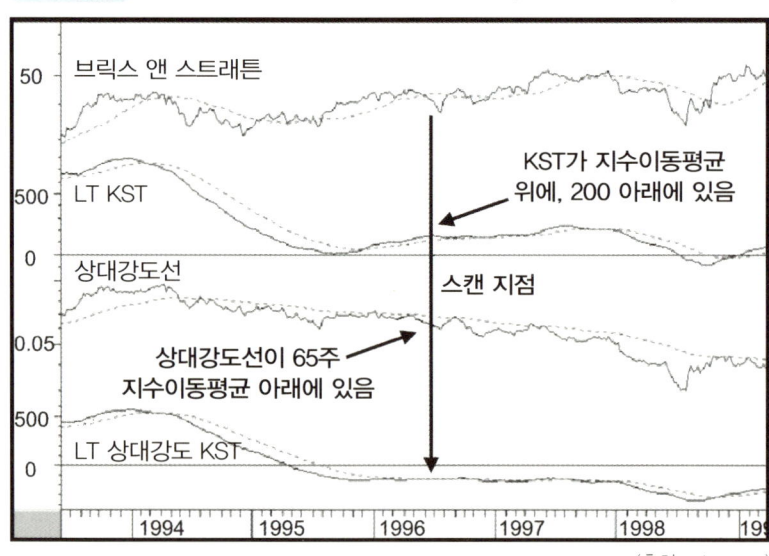

차트 12-10 브릭스 앤 스트래튼과 세 가지 지표(1993~2000년)

(출처: pring.com)

있어 시장 수익률을 크게 밑돈다는 것을 보여준다.

이제는 약간 더 긍정적인 사례를 살펴보자. 차트 12-11은 뱅크원Bank One 주식이다. 주가의 KST가 상승하고 약간 과매수 상태이지만, 상대강도의 KST는 0 이하에서 가파른 급등을 시작하고 있다. 상대강도선은 기분 좋게 하락추세선 위로 돌파하고 있다. 이 랠리는 6개월 동안 지속되고, 어쩌면 상승폭은 기대에 못 미쳤을지도 모르겠다. 그러나 이어지는 상대강도선의 박스권 횡보는 이 주가의 실적이 이듬해까지 시장 실적과 보조를 맞추리라는 것을 시사한다. 차트 12-12를 보면, 주가가 6주 하락추세선 위로 반등하고, 일일 KST가 이동평균을 상향 교차하면서 매수신호를 생성하

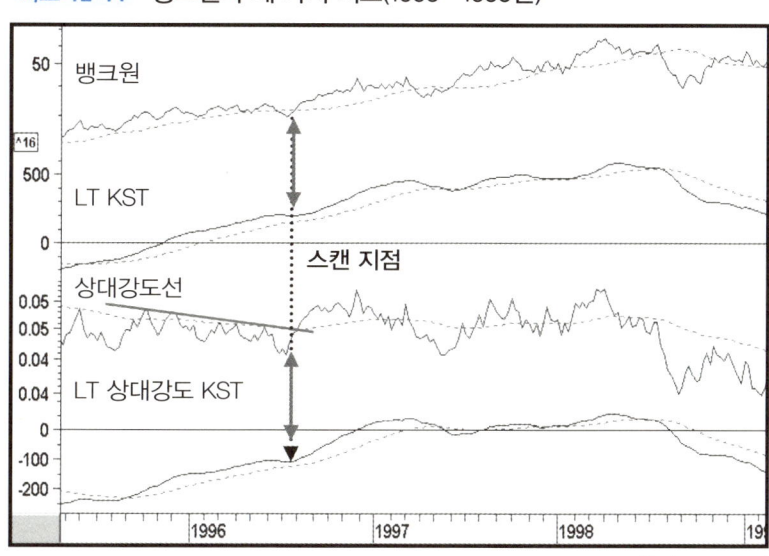

차트 12-11 뱅크원과 세 가지 지표(1995~1999년)

(출처: pring.com)

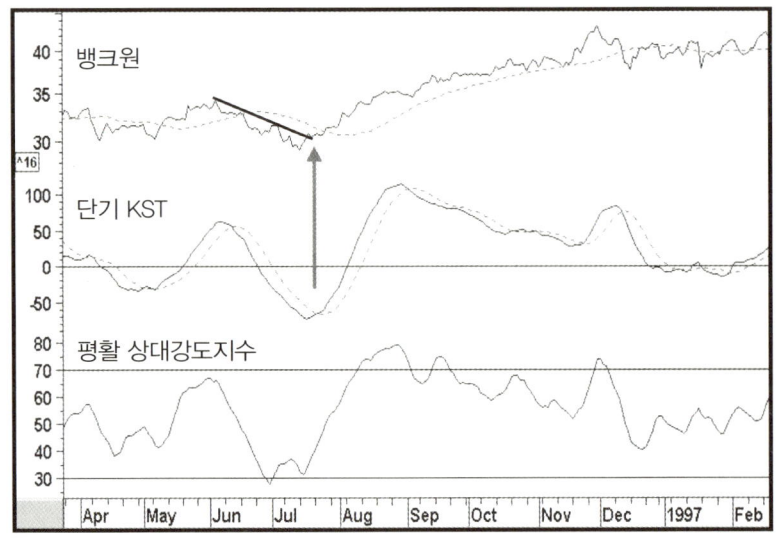

차트 12-12 뱅크원과 두 가지 지표(1996~1997년)

(출처: pring.com)

고 있다. 따라서, 이 시점이 좋은 진입 타이밍이었다는 사실이 분명히 드러난다.

마지막으로 스캔으로 포착한 차트 12-13 컴퓨웨어Compuware를 보자. 주가와 상대강도의 KST 모두 0 수준 근처에서 강세를 보이면서 이론적으로는 상승 여력이 커 보인다. 상대강도선 역시 강력한 상승추세에 있다. 차트 12-14의 단기 상황 역시 긍정적이다. 주가가 밀집 구역을 돌파하고, 일일 KST가 매수신호를 보낸다. 즉, 모든 시스템이 매수를 권하고 있다.

차트 12-13 컴퓨웨어와 세 가지 지표(1995~1998년)

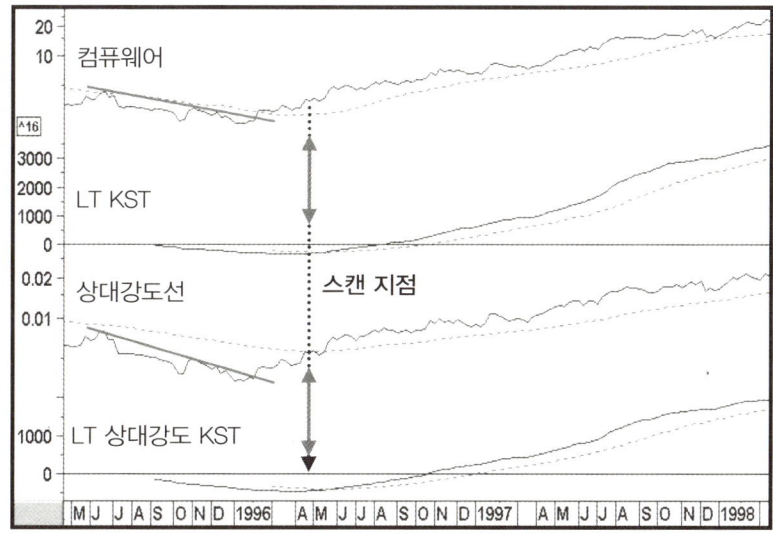

(출처: pring.com)

차트 12-14 컴퓨웨어와 두 가지 지표(1996~1997년)

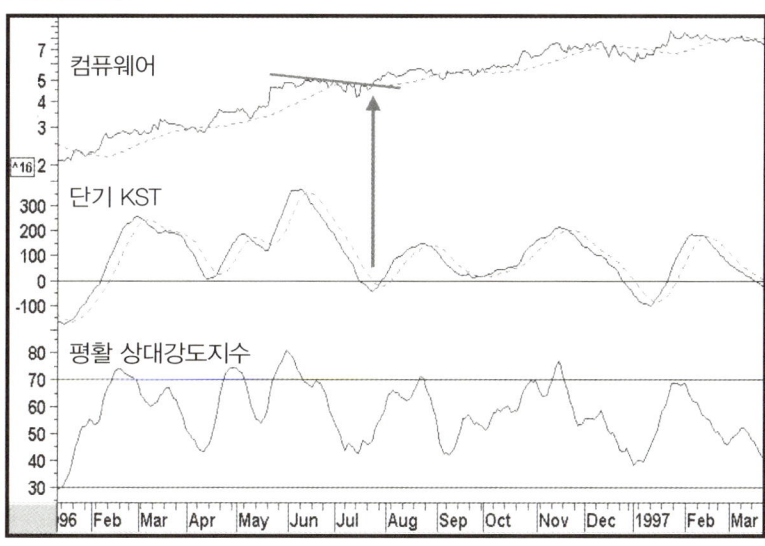

(출처: pring.com)

제12장 장기전망과 단기신호를 결합해 유망 종목 발굴하기 II 223

◆ 52주 신고점 돌파 찾기

주가와 KST의 지수이동평균이 장기 바닥을 돌파하면, 시장 선도주들은 종종 매수 기회를 제공한다. 차트 12-15에서 나스닥은 1998년 10월에 바닥을 형성한 뒤 곧바로 기록적인 랠리를 보인다. 우리가 운 좋게 바닥을 식별하는데 성공했다고 가정하자. 1987년 증시 붕괴 당시보다 더 많이 언론에서 떠들었던 아시아 주식시장 대폭락 사태 역시 바닥을 가리키는 한 가지 징표가 되었을 것이다. 기술적 지표를 보면 바닥 직후 거래량이 기록적으로 폭증했다. 이

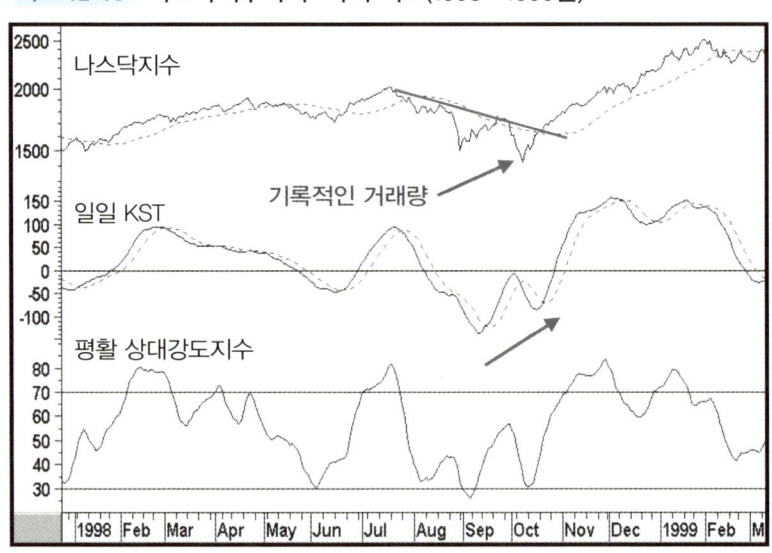

차트 12-15 나스닥지수와 두 가지 지표(1998~1999년)

(출처: pring.com)

것은 매우 드문 현상으로, 주요 바닥 뒤에 이처럼 거래량이 폭증하면 장기 랠리가 뒤따를 확률이 높다. 1979년 3월, 1982년 8월, 그리고 1984년 여름이 이를 증명한다. 오해를 바로잡기 위해서 덧붙이자면 2001년 1월도 비슷한 여건이었지만, 강세장으로 이어지지 않았다. 또한, KST도 상승형 다이버전스를 나타냈으므로, 기록적인 거래량을 보인 후 나스닥이 하락추세선을 돌파해 상승할 것으로 예상되었다.

이 점을 염두에 두고 나는 나스닥 돌파 직전인 10월 16일 52주 신고점을 기록한 기술주들을 스캔했다. 주요 바닥 아주 가까이에서 52주 신고점을 기록한 종목은 기술적으로 좋은 흐름에 있다고 판단했기 때문이다. 한 가지 주의해야 할 점은, 주요 바닥에서는 주도주가 바뀐다는 사실이다.

왓슨 제약 Watson Pharmaceutical 은 단기 약세장에서 탁월한 실적을 보였다(차트 12-16). 그러나 스캔 시점에서는 장기 KST가 극심한 과매수 상태였다. 주가가 계속 상승을 이어가지 못할 이유는 없었지만, 아마도 주도주가 바뀌었을 확률이 높다. 보다시피 주가는 잠깐 상승하다가 멈추었고, 주가와 상대강도선 모두 추세선을 이탈하며, 주가와 상대강도의 KST가 모두 매도신호를 보낸다. 이런 상황에서는 앞선 하락 시황에서는 박스권을 보이다가 박스권을 돌파해 상승하기 시작하는 종목을 고르는 것이 낫다. 10월 스캔 당시에 발견한 솔렉트론 Solectron 이 여기에 맞는 사례가 될 것이다. 차트 12-17에서, 돌파를 경험한 두 개의 추세선을 구축하는 것이 가

차트 12-16 왓슨 제약과 세 가지 지표(1996~2001년)

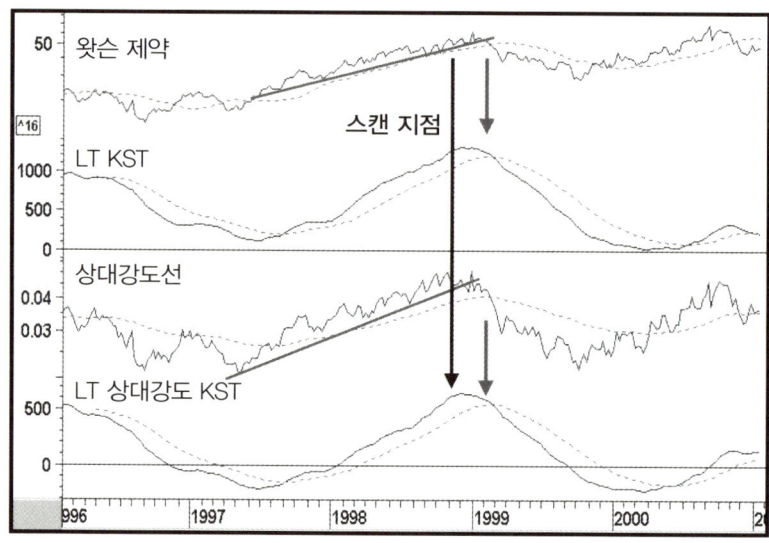

(출처: pring.com)

차트 12-17 솔렉트론과 세 가지 지표(1996~2001년)

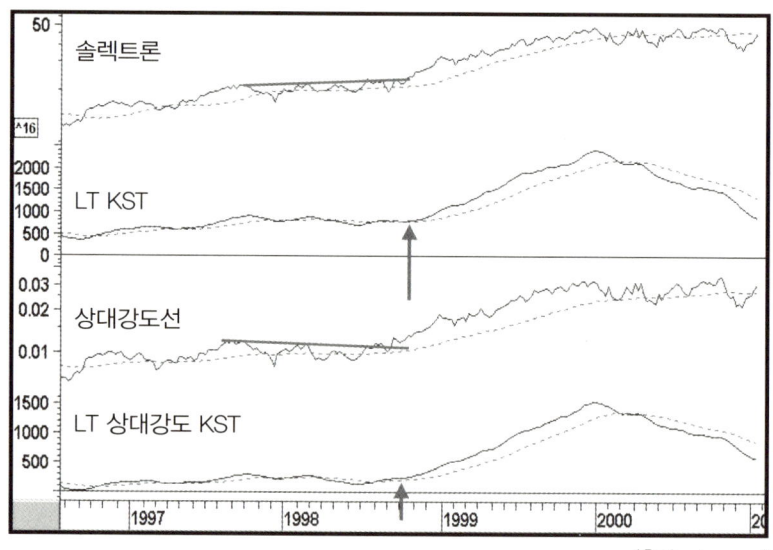

(출처: pring.com)

능함을 보여준다. 스캔 시점에서 주가와 상대강도선의 KST 역시 지수이동평균을 살짝 상회한다. 여기서 보면, KST가 약간 과매수 상태로 이상적인 흐름은 아니다. 박스권이 조금 더 오래 지속되고 KST 수준도 조금 더 낮으면 좋겠지만, 언제나 원하는 것을 모두 얻을 수는 없다. 차트 12-18 역시 단기 KST 매수신호를 동반하는 저항 추세선의 상향 돌파를 보여준다. 따라서 장단기 여건이 모두 긍정적인 흐름을 보인다고 할 수 있다.

차트 12-18 솔렉트론과 두 가지 지표(1998~1999년)

(출처: pring.com)

◉ 되돌림을 기다려라

스캔으로 종목을 걸러내면, 랠리가 상당히 진행된 주식들이 많다. 평활 오실레이터가 과매도 상태로 반전되는 종목을 스캔하면 대체로 이렇지 않지만, 30일 신고점 또는 52주 신고점을 기록한 돌파 종목을 스캔하면 이런 경우가 많다. 따라서 그 대안으로 장기 평활 모멘텀지표의 이동평균 교차를 활용해 주간 혹은 월간 데이터를 스캔할 수 있다. 이 방법으로 스캔해도 역시 단기 과매수 상태에 있는 종목을 걸러낼 수 있다. 왜냐하면 이런 유형의 스캔으로는 강세장의 초기 단계에 있는 종목이 나오기 때문이다. 그렇다면 바로 이 종목을 매수하고 단기 후퇴 가능성이 있는지 점검할 것인가, 아니면 조정을 기다릴 것인가? 내 생각에는 그 종목을 모니터하다가 차후 단기 상황이 균형 상태에 근접하거나 약간 과매도 상태에 도달할 때 매수하는 게 좋을 것 같다.

차트 12-19는 ADC의 단기 기술적 흐름을 보여준다. 수직 화살표가 가리키는 지점이 스캔으로 얻은 매수 지점이다. 즉, 주가와 상대강도의 KST가 막 긍정적 흐름으로 돌아선 지점이다. 주가와 상대강도 모두 상당폭 상승했고, 따라서 이 종목은 과매수 상태일 확률이 높다. 차트 12-20을 보면 이 사실을 확인할 수 있다. 중앙에 있는 지표는 1/13 주가 오실레이터다. 이는 주간 종가를 13주 이동평균으로 나눈 값이다. 하단 지표 역시 중기 주가 오실레이터로, 10주 단순이동평균을 26주 이동평균으로 나누어 평활 작업했

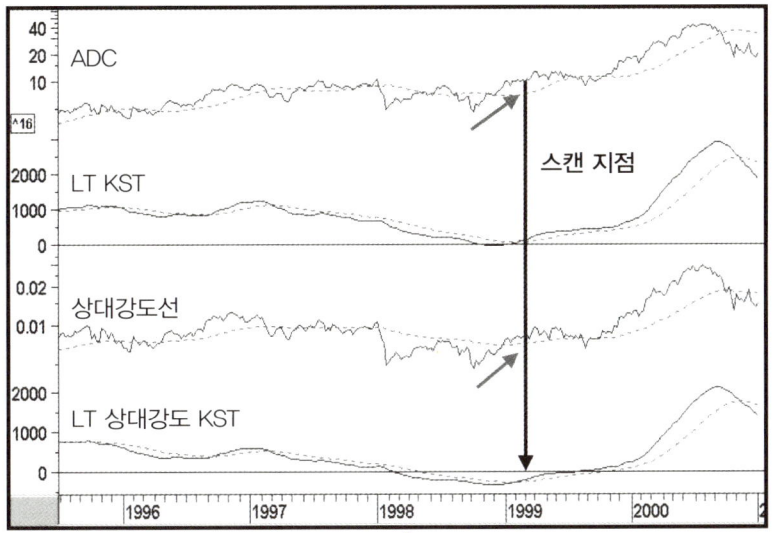

차트 12-19 ADC와 세 가지 지표(1995~2001년)

(출처: pring.com)

다. 그 결과 장기 전망은 강세장이지만 중기 시황은 조정 가능성을 예고하고 있다. 사실 이후 몇 주 동안 조정이 있었다. 이런 경우 여건이 성숙할 때까지 조금 더 기다렸다가 매수해야 한다. 이 지점에서도 장기 전망은 여전히 강세라는 사실을 명심해야 한다. 조금 더 기다려야 하는 이유는 또 있는데, 조정 국면에서 장기 전망이 약세로 전환될 수도 있기 때문이다. 따라서, 장기 전망이 좋고 리스크가 적은 종목을 스캔해서 주가와 상대강도선의 주추세가 여전히 강세라면, 조정을 기다렸다가 그 다음 돌파에 매수하는 것이 최선이다.

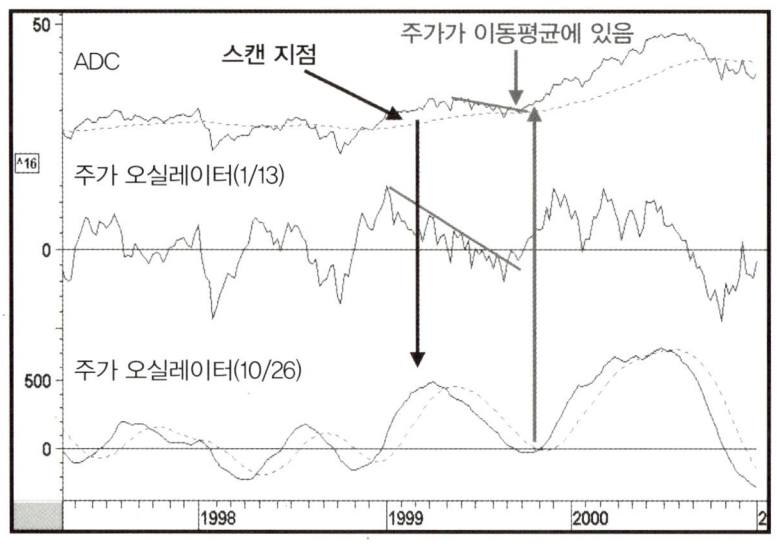

차트 12-20 ADC와 두 가지 지표(1997~2001년)

(출처: pring.com)

 이 경우 그해의 조금 늦은 때에 짧은 휩소가 나타난 뒤, 주가가 지수이동평균 아래로 떨어지면서 매수 기회가 찾아온다. 그때 주가와 1/13 주가 오실레이터는 추세선을 상향 돌파한다. 이 돌파 이후에는 평활 오실레이터가 이동평균을 상향 교차한다. 조금 지연되기는 했지만, 주가와 1/13 주가 오실레이터가 추세선을 돌파하면서 하락 모멘텀이 사라지고 지표가 반등하리라는 것을 보여주는 신호가 되었다.

 차트 12-21은 일간 포지션과 MACD를 따르는 일간 KST를 보여준다. 스캔으로 이 종목을 걸러낸 뒤 짧은 추세선을 구축하면, 상

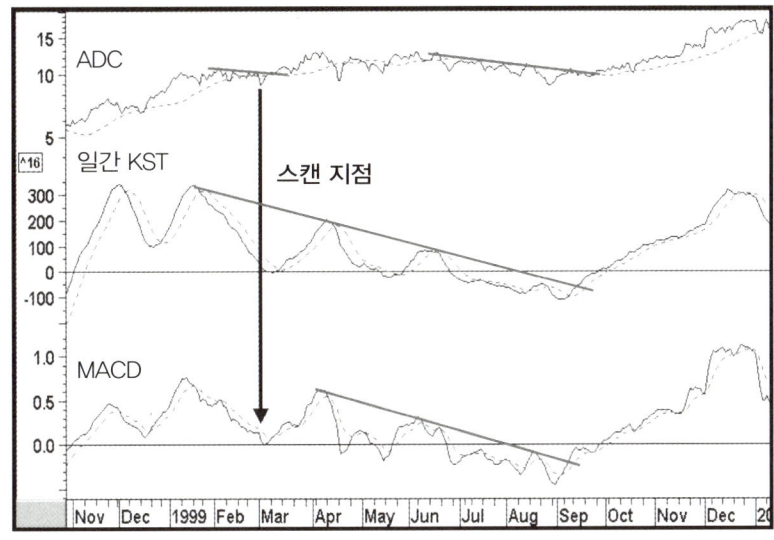

차트 12-21 ADC와 두 가지 지표(1998~2000년)

(출처: pring.com)

향 돌파를 확인할 수 있다. 만약 단기 스윙트레이더라면 이 시점에서 매수했더라도 문제가 없었을 것이다. 그러나 앞선 차트에서 두 개의 10/26주 오실레이터가 과매수 상태이므로, 이미 경고신호를 보냈을 것으로 판단된다.

따라서 두 가지 오실레이터와 주가가 모두 추세선을 돌파할 때까지 기다리는 편이 낫다.

How to SELECT STOCKS Using TECHNICAL ANALYSIS

초장기 관점에서 종목 발굴하기

● 일반적인 원칙

초장기 관점에서 시작해 점차 단기 국면으로 살펴가는 것이 현명하다. 해당 종목이 장기 상승이냐 하락이냐를 먼저 판단해 그 종목이 자체 사이클의 어디쯤 위치하고 있는지 보는 것이야말로 이상적인 종목 선정 과정이다. 차트 A-1은 캐나다의 광산기업인 코민코Cominco의 주가 차트로, 1970년대에서 20세기 말 사이에 많은 사이클을 거치고 있다. 코민코 같은 자원주, 기간산업주는 매수 후 보유 전략으로는 수익을 얻기 힘들고, 한두 차례의 사이클을 통해

차트 A-1 코민코(1970~2001년 Telescan)

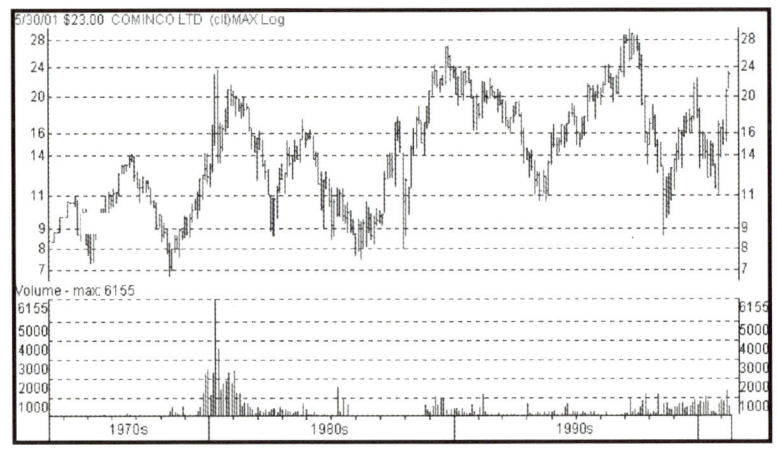

(출처: pring.com)

큰 수익을 확보할 수 있으므로 사이클주로 분류된다.

세계 경제는 장기적으로 성장하는 속성이 있으므로 대부분의 종목 또한 장기적으로 상승하며, 중간에 소폭 조정을 겪거나 다년간 박스권에 머물기도 한다.

차트 A-2 알베르토 컬버Alberto Culver가 그러한 사례를 보여준다. 몇 차례의 초장기추세가 뚜렷이 드러난다. 1991년 주가와 상대강도선이 모두 추세선을 이탈하면서 첫 번째 추세가 끝난다. 1985년 상대강도선이 잠시 추세선을 이탈하지만, 나는 여기서 저점과 조정의 바닥을 이어서 추세선을 구축하기보다는 상식선에서 추세를 반영하도록 추세선을 만드는 편을 선호한다. 물론 저점과 조정의 바닥을 이어 추세선을 만들고, 이 선을 몇 번 더 건드린다면 문

차트 A-2 알베르토 컬버(1982~2001년)

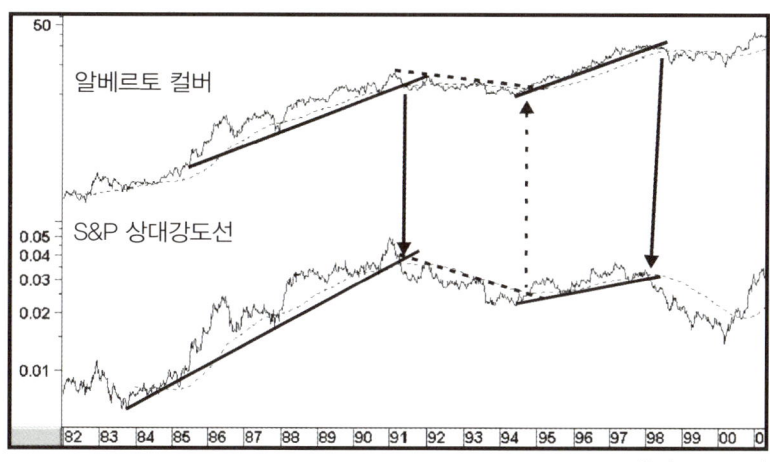

(출처: pring.com)

제가 없다. 하지만 이 경우에서 보듯 그렇지 않다면, 저점 중 하나를 관통하는 추세선을 그리는 편이 합리적이다. 이후 주가와 상대강도선 모두 4년간 하락추세를 보이다가 추세선 돌파가 일어나고, 1998년에는 상승추세선을 이탈한다. 주가와 상대강도선의 이동평균 시간단위는 104주(24개월)이며, 추세선과 거의 동시에 이동평균도 이탈한다.

부록에서 거의 모든 차트에 상대강도선을 포함시킨 이유는 두 가지다. 첫째, 상대강도 추세와 다이버전스는 해당 종목의 기술적 구조에서 약세와 강세를 이해하는데 아주 유용하다. 둘째, 매수 주식이 시장 실적을 하회하는 것보다는 상회하는 편이 훨씬 유리하기 때문이다. 차트 A-3은 전형적인 사례라고 볼 수 있다. 차트에

차트 A-3 릴라이언트 에너지(1980~2001년)

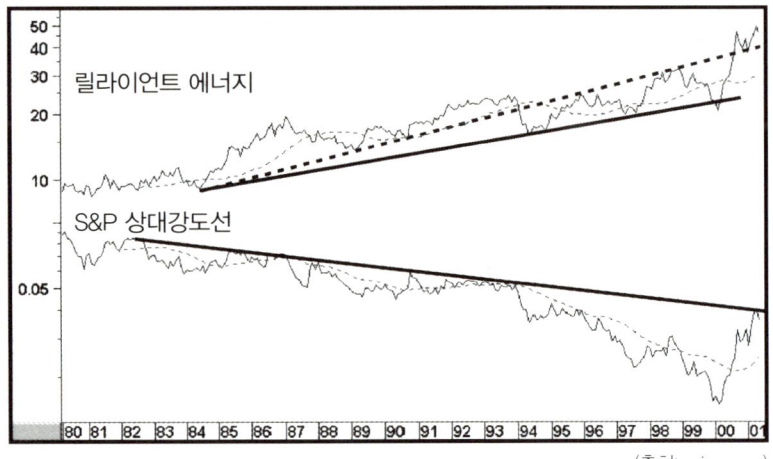

(출처: pring.com)

나타난 20년 동안 릴라이언트 에너지Reliant Energy는 초장기 상승추세를 보인다. 표면상으로는 좋은 흐름 같지만, 상대강도선을 빠르게 훑어보면 상대적 실적이라는 측면에서 초장기 하락세라는 것이 드러난다. 주가에 두 개의 추세선을 구축할 수 있다는 점에 유의하라. 점선을 보면 추세선 이탈 후 추세선을 연장해서 그려야 하는 이유가 분명하게 드러난다. 연장해서 그린 추세선은 1990년대 중반부터 후반까지 몇 차례나 강력한 저항선 역할을 했다. 21세기 초에 주가가 이 연장선 위로 돌파할 때도, 되돌림은 이 선을 지지선으로 믿었다.

마지막으로 ADM의 주가는 1998년 초장기 하락세로 접어든다(차트 A-4). 상대강도선 역시 하향 머리어깨형을 완성한다. ADM의

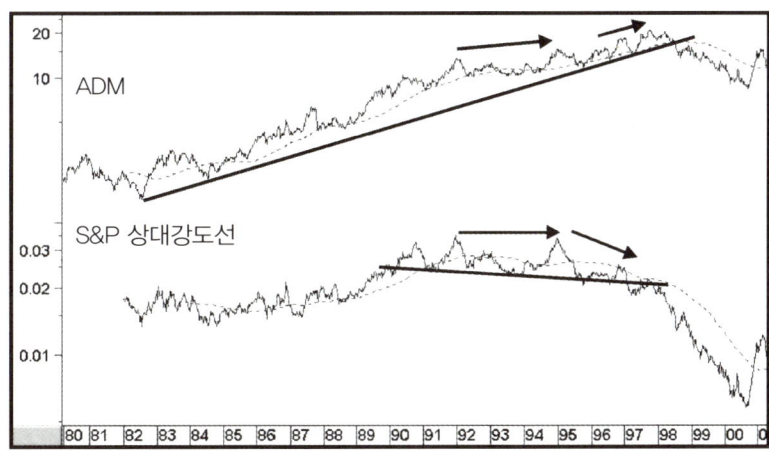

(출처: pring.com)

경우 1995년 주가가 신고점을 기록하지만(수평 화살표의 끝부분), 상대강도선이 이를 확인하는데 실패하면서 약세 가능성을 경고하고 있다. 1997년 후반의 고점에도 상대강도선은 하락 다이버전스를 보이며 또 다시 약세 가능성을 경고한다.

이러한 사례들은 개별 종목마다 라이프 사이클과 특성이 다르다는 것을 보여준다. 주가의 초장기추세 반전과 관련한 동향을 식별할 수 있는 투자자는, 개별 종목 사이클의 가장자리를 이용해 수익을 확보할 수 있다. 결론적으로 초장기 차트는 종목 선정의 출발점으로 유용하다.

🔹 주요 주가 패턴(장기 바닥)

주가 패턴을 다룬 5장에서 주가 패턴의 규모와 잇따르는 주가 움직임의 규모, 그리고 지속기간 사이의 상관관계를 살펴보았다. 자세를 낮출수록 더 멀리 도약한다는 말이 있다. 다르게 표현하면, 봉우리가 높을수록 계곡이 깊다. 인내심을 갖고 장기 전망으로 종목을 선정하는 투자자에게 가장 좋은 방법은, 차트북이나 직접 다운로드한 데이터베이스에서 장기 바닥을 뚫고 나오거나 장기 바닥으로 되돌림하는 종목을 찾는 것이다. 한 종목이 이런 동향을 보이는 횟수는 많지 않지만, 이런 동향을 포착할 수만 있다면 그만한 가치가 있다. 언제나 이런 여건이 성숙되고 있는 종목이 적어도 몇 개씩은 있다. 장기 바닥을 형성하고 있는 후보 종목을 동시에 여러 개 발견할 수 있다면, 대체로 시장이나 그 업종이 초장기 상승세에 접어들었다는 것을 뜻한다. 예를 들어, 1940년대 후반과 1970년대 후반에는 수년 간의 바닥을 돌파한 주식이 많았다. 두 경우 모두 시장은 강력한 초장기 상승세를 보였다.

차트 A-5에서 앤드류 사Andrew Corporation의 주가는 1991년에 6년 동안의 바닥을 돌파한다. 그리고 패턴의 목표를 초과하는 큰 폭의 상승이 뒤따른다. 이후 주가와 상대강도선이 6년 동안의 상승추세선을 이탈하면서 강력한 상승추세가 지속될지 의문을 던진다. 주가의 경우 밀집이 뒤따랐고, 상대강도선에서는 실제로 추세 반전이 일어났다. 1992년 말, 어플라이드 머티리얼즈Applied Materials는

차트 A-5 앤드류 사(1980~2001년)

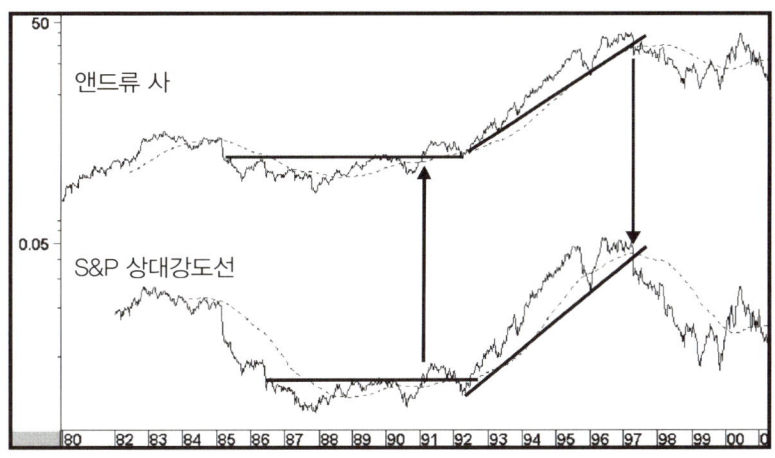

(출처: pring.com)

10년 동안의 바닥을 돌파했다. 주가의 상승추세는 2001년 봄까지 계속되었으나, 상대강도는 1998년과 2000년에 일시적으로 상승추세선을 이탈했다.

차트로 종목 발굴하는 법

초판 1쇄 2012년 1월 20일
개정판 1쇄 2013년 5월 3일

지은이 마틴 J. 프링
옮긴이 신가을
펴낸이 이형도

펴낸곳 이레미디어
전화 031-908-8516
팩스 031-907-8515
주소 경기도 고양시 일산동구 장항동 731-1 성우사카르타워 601호
홈페이지 www.iremedia.co.kr
이메일 ireme@iremedia.co.kr
카페 cafe.naver.com/iremi
등록 제396-2004-35호

편집 정은아
디자인 안성민
마케팅 신기탁

저작권자ⓒ마틴 J. 프링
이 책의 저작권은 저작권자에게 있습니다. 서면에 의한 허락 없이 내용의 전부 혹은 일부를 인용하거나 발췌하는 것을 금합니다.

ISBN 89-91998-79-7 13320
가격 16,500원

이 도서의 국립중앙도서관 출판시도서목록(CIP)은 e-CIP홈페이지(http://www.nl.go.kr/ecip)와 국가자료공동목록시스템(http://www.nl.go.kr/kolisnet)에서 이용하실 수 있습니다.